Lothar Gassmann

Sprüche der Weisheit

Wie Gott unser Leben verändert

Reihe BIBEL AKTUELL

1. Auflage 2011

Christlicher Schriften- und Liederverlag
Liebigstr. 8, 33803 Steinhagen, Germany

Umschlag Foto: Lothar Gassmann
(Vulkaninsel Santorin, Griechenland)

Umschlag Gestaltung: Jakob Penner / Nelly Hildebrant

Zeichnungen: Irina Schulz

Satz: Samenkorn e.V.

Druck und Bindung: CPI books, Ulm

ISBN: 978-3-86203-028-6

Dank

– dem Bibelheim Haus Sonnenblick in Bad Teinach / Schwarzwald, in dem die Auslegung der Sprüche im Jahr 2009 zum ersten Mal vorgetragen werden konnte.

– Herrn Justus Hupp, Pforzheim, der die vom Verfasser zunächst frei nach Stichworten vorgetragenen Auslegungen vom Band getippt und in eine lesbare Form gebracht hat. (Die Endredaktion besorgte der Verfasser.)

– meiner lieben Frau Anna und allen Geschwistern, die mir beim Korrekturlesen geholfen, mir mit Rat und Tat zur Seite gestanden und für die Fertigstellung gebetet haben.

Inhalt

Vorbemerkungen

Die Auslegung der Sprüche wurde erstmals in einer Bibelwoche während der „närrischen Tage“ (Fasching) vorgetragen und ganz bewusst als biblischer Kontrast dazu mit dem Thema „göttliche Weisheit“ überschrieben. Beim Fasching tragen die Menschen ja Masken. Kinder Gottes tragen keine Masken. Sie sind aufrichtig. Sie suchen nicht nach Narretei, sondern nach göttlicher Weisheit.

Insgesamt umfasst diese Auslegung zwölf Teile. Sie geschieht im Bewusstsein, dass unsere Weisheit begrenzt und unsere menschliche Erkenntnis Stückwerk ist. Wir können niemals die Geheimnisse Gottes bis ins Letzte ausloten. Trotzdem dürfen wir dankbar das aufnehmen und zu verstehen suchen, was der HERR uns in Seinem Wort offenbart, damit wir wenigstens das lernen, was für unser Glaubensleben, was für unser Seelenheil notwendig ist. Wenn das Thema „göttliche Weisheit“ lautet, heißt das also nicht, dass wir alle Weisheit erkennen könnten. Aber das, was uns der HERR für unser Leben und Sterben offenbaren will, das wollen wir betrachten und befolgen.

Auch habe ich nicht alle Sprüche fortlaufend betrachtet, sondern etliche von ihnen zu 10 Themenkreisen gruppiert, die im Buch der Sprüche wichtig und für unser geistliches Leben hilfreich sind. Den Leser bitte ich, den Stückwerkcharakter, der aus dieser Auslegungsweise folgt, zu entschuldigen.

Ich zitiere aus zwei Bibelübersetzungen: 1. Lutherbibel 1984 und 2. Schlachter 2000. Luther hat die Bibel unnachahmlich kraftvoll und Schlachter sehr genau übersetzt. So werde ich immer wieder auf diese beiden Übersetzungen zurückgreifen.

Gottes Weisheit und menschliche Philosophie

Philosophen widersprechen einander

Zunächst möchte ich einiges zum Unterschied zwischen göttlicher und menschlicher Weisheit erläutern. Im Hinblick auf die menschliche Weisheit begegnet uns z. B. der Begriff „Philosophie". Dieses vom Griechischen abgeleitete Wort bedeutet auf Deutsch: Liebe zur Weisheit. Es gibt sehr viele Denker, sogenannte Philosophen, die die unterschiedlichsten Denksysteme ersonnen haben. Sie unternehmen Anstrengungen, um in die Geheimnisse der sichtbaren Welt sowie in die Geheimnisse des Unsichtbaren einzudringen. So wie sich die Philosophen widersprechen, widersprechen sich aber auch ihre Erkenntnisse und Ergebnisse.

So gab es schon im Altertum und gibt es bis heute materialistisch gesinnte Philosophen, die behaupten, dass nur das Stoffliche existiere, das Sichtbare, das wir betasten und sehen können (wobei schon unserer natürlichen Sicht Grenzen gesetzt sind, man denke an das Weltall!). Im Gegensatz dazu finden sich Philosophen wie z. B. die alten Platoniker, die behaupten, dass das Wirkliche die ewigen „Ideen" seien, die wir nicht sehen, und dass das, was wir hier sehen, nur ein Schattenbild der Wirklichkeit, der ewigen Weltsphären, sei.

Philosophie ist meist gottlos

Je näher wir der Neuzeit kommen, desto zahlreicher werden die materialistisch-atheistisch eingestellten Philosophen. So war es Ludwig Feuerbach, ein Vorläufer von Karl Marx, der behauptete, dass kein wirklicher Gott existiere, sondern dass der Mensch sich Gott selbst ersinne, indem er „seine eigenen Wünsche an den Himmel projiziere". Charles Darwin hat die Aussagen der Bibel „auf den Kopf gestellt", indem er behauptete, die Welt sei nicht ex nihilo (aus dem Nichts) von Gott geschaffen worden, sondern alles Sein hätte sich per Zufall evolutionär entwickelt - von niederen Lebensformen zu höheren. Sowohl die Zeiträume, die die Bibel in der Schöpfungsgeschichte beschreibt, als auch das göttliche Wirken stellt Darwin infrage.

Unseren Kindern erkläre ich immer: Wenn in Schulbüchern in Bezug auf die Schöpfungsdauer von „Millionen von Jahren" die Rede ist, sollen sie einfach gemäß der Bibel Tausende oder Hunderte Jahre dafür einsetzen. Wenn man nämlich der Forschung folgt, die die Bibel ernst nimmt, so fehlen dort die angeblichen „Millionen Jahre". Der bibeltreuen Forschung, die zu sehr fundierten Ergebnissen kommt, fehlen allerdings die finanziellen Mittel, welche die evolutionäre Forschung erhält. Wenn die Schöpfungswissenschaft die gleichen Fördermittel erhielte, hätte sie bestimmt längst die Evolutionstheorie in allen Punkten widerlegt. Die Bibel allerdings bezeugt ganz klar die Schöpfung.

Menschliche Weisheit und menschliche Philosophie führen, wenn auch nicht immer, so doch sehr oft, zu gottlosen Ergebnissen.

Der Philosophengott ist nicht der Gott der Bibel

Es gibt Philosophen (z. B. im Existentialismus), die mit dem „Unsichtbaren", mit dem „Göttlichen" rechnen, wobei Gott hierbei allerdings ganz verschieden definiert wird. In der Regel aber, - auch wenn diese Philosophen dem Christentum näher stehen als Feuerbach, Marx u. a., - begegnet uns in diesen Definitionen nicht der biblische Gott. Es handelt sich um erdachte Systeme, an deren Spitze eine „göttliche Macht" ihren Platz hat. In der Regel, so auch bei Einsteins „kosmischer Religion", werden die Persönlichkeit Gottes und die Erlösungsbedürftigkeit des Menschen sowie Himmel und Hölle geleugnet.

Ganz neu das Staunen lernen!

Die alten Philosophen, z. B. die Griechen, haben gesagt, dass jede Philosophie, jede menschliche Erkenntnis und Weisheit mit dem Staunen beginnt. Ich denke, wenn sie wirklich damit beginnen würde, dann würde sie zu Gott führen! Aber die Philosophie hat eben meist nicht zu Gott geführt, sondern ist beim Menschen, im sogenannten „immanenten" (innerweltlichen) Bereich, stehen geblieben. Wenn wir aber wirklich staunen würden, z. B. über die Schöpfung, würden wir die Wunder Gottes erkennen und die Gottesfurcht lernen.

Die menschliche Philosophie beruht auf menschlicher Klugheit, auf menschlichem Verstand, der nicht durch Gottes Geist erleuchtet ist, und führt letztlich zum menschlichen Hochmut, weil der Mensch sich in der Philosophie schließlich selbst vergötzt, indem er sich als Wurzel und Ziel aller Dinge sieht.

Ist der Mensch das Maß aller Dinge?

Schon im Altertum existierte ein philosophisches Denksystem, das den Menschen als „Maß aller Dinge" betrachtet hat. Aus dieser Denkweise erwächst die Menschenverehrung. Der Mensch bastelt sich seine eigene Moral, seine sogenannte „Autonomie": Er ist sich selbst Gesetz.

Die Reformatoren (um 1530 nach Christus) hingegen haben den Menschen als „verkrümmt in sich selbst" bezeichnet. Luther und Melanchthon haben den Menschen als ein Wesen angesehen, das nicht aus seinem Ich, aus seinem Schneckenhaus,

aus seinem Kreisen um sich selbst heraus kann, wenn nicht das Entscheidende geschieht: nämlich dass Gottes Offenbarung den Menschen von außen trifft, ihn ergreift und erleuchtet, ihn in seiner Sündhaftigkeit überführt und zu Gott lenkt.

Dies kann nur von Gott aus, also „von oben nach unten“ geschehen - und nicht durch menschliches Streben von „unten nach oben“! Dies ist der entscheidende Unterschied zwischen menschlicher Philosophie und göttlichem Wirken. Der Philosoph baut sein System von „unten nach oben“ auf; der lebendige Gott hingegen offenbart sich von „oben nach unten“ - damals wie heute. Gott offenbart sich in verschiedenen Bereichen, worauf ich später noch eingehen werde. So steht die göttliche Weisheit der menschlichen Philosophie gegenüber - und wenn der Mensch nicht von Gott erleuchtet ist, taugt seine Erkenntnis nichts.

Gott offenbart sich, wem Er will

Die göttliche, die wahre Weisheit kann der Mensch nur durch Gottes Offenbarung erkennen. Gott ist nicht allein für sich im Himmel geblieben. Nein, Er hat Himmel und Erde mit all ihren Wesen erschaffen, viel mehr als wir jemals wahrnehmen können. Aber das, was wir erkennen, schon das ist wunderbar. Wir sehen allerdings nur einen kleinen Bruchteil von Gottes Schöpfung. Schon das Weltall ist für uns Menschen unermesslich. Gott hat die Sterne gezählt, wir können das nicht. Die besten menschlichen Teleskope blicken zwar für unsere Verhältnisse schon sehr weit ins All, aber niemals bis an dessen Ende (falls es ein solches gibt).

Das Wort Gottes ist die Wurzel der göttlichen Weisheit. In Gottes Wort offenbart sich Gott. Aus Gottes Wort erwächst wirkliche Erkenntnis, die die Realität so erkennt, wie Gott sie geschaffen hat. Die menschliche Vernunft, auf die der Mensch sich so viel einbildet, ist durch den Sündenfall gefallen und bringt nur verzerrte Erkenntnisse hervor, wie z. B. die Lehre von der Evolution oder auch viele Thesen der Psychologie, die den

Menschen bruchstückhaft und meist losgelöst von Gott definieren und damit im Dunklen bleiben.

Wahre Gotteserkenntnis bewirkt Demut

Eine von Gottes Geist erleuchtete Vernunft des Menschen führt den Menschen zur Demut. Demut heißt: Mut zum Dienen, „Diene-Mut“: Nicht Herr über Gott sein zu wollen, sondern Gott Herr über sich sein lassen, das steht dem Menschen an. Die Erkenntnis der göttlichen Weisheit beruht allein auf Demut. So heißt es in Jakobus 4, 6: *Gott widersteht den Hochmütigen, aber den Demütigen gibt Er Gnade.*

Aus echter - nicht aus gespielter - Demut erwächst die Gottesfurcht, die Ehrfurcht vor Gott. Gott ist so mächtig und so gewaltig, dass wir vor Ihm zittern müssten und sollten. Es gäbe für uns keine Erlösung, wenn Gott nicht gnädig und barmherzig wäre. Aber wenn Gott auch barmherzig und gnädig ist, so bleibt Er doch auch gerecht und heilig, was heute in der Verkündigung und im Glauben vielfach missachtet wird. So heißt es in Galater

6, 7: *Irret euch nicht! Gott lässt sich nicht spotten. Denn was der Mensch sät, das wird er ernten.*

Gottesfurcht ist Ehrfurcht vor dem Schöpfer des Himmels und der Erde

Gottesfurcht ist wahre Ehrfurcht vor dem Schöpfer des Himmels und der Erde, der den Menschen erschaffen hat und erlösen kann und will. Jesus Christus ist die wahre Weisheit, ja, die Quelle aller Weisheit, von Gottvater zu uns gesandt. Durch Jesus Christus hat Gott die Welt geschaffen. Auch im Buch der Sprüche ist schon von Jesus die Rede, wie wir noch hören werden.

Die wahre Gottesfurcht führt zum Gehorsam gegenüber Gott. Wenn wir Gott wirklich als den heiligen, liebenden und barmherzigen Gott erkannt haben, dann gehorchen wir Ihm aus Liebe und Dankbarkeit. Nur Jesus Christus kann uns die Kraft schenken, Gottes Gebote zu halten. Wir leben aus der Gnade und dürfen um Vergebung bitten, wenn wir gefallen sind.

Soviel als Einführung zur Unterscheidung von menschlicher und göttlicher Weisheit.

König Salomo, der Hauptverfasser der Sprüche

Salomo, Hiskia, Agur, Lemuel

Die Sprüche haben mehrere Verfasser. Die Überschrift lautet zwar: Dies sind die Sprüche Salomos. Wir finden aber auch Sprüche, von denen gesagt ist, dass sie der König Hiskia gesammelt hat. Und wir finden Sprüche, die mit „Agurs Worte" übertitelt sind (Kapitel 30) - oder mit „Lemuels Worte" (Kapitel 31). Der größte Teil der Sprüche stammt aber von König Salomo.

König Salomo hat von 971 - 931 vor Christus das geeinte Reich Israel regiert, bevor es in Nordreich und Südreich zerfiel. Salomo, ein Sohn König Davids, wurde von seinem Vater zum König erwählt. Aber das Königtum fiel Salomo nicht in den Schoß, sondern er musste seine Rechte erst bei und durch David geltend machen. Salomo war ein Sohn von David und Batseba – eine Beziehung, die mit Sünde begann (2. Samuel 11 f.). David hat darüber Buße getan (Psalm 51) und Gott hat ihm seine Schuld vergeben. So schreibt Gott aus Gnade immer wieder auf krummen Linien gerade.

Salomo bittet Gott um Weisheit

Gott hat Salomo große Weisheit geschenkt. So lesen wir in 1. Könige 3 über ein Gebet Salomos, nachdem er als König eingesetzt worden war. Der HERR erscheint Salomo in Gibeon im Traum und spricht zu ihm (1. Könige 3, 5): *Bitte, was Ich dir geben soll!* Salomo darf sich von Gott also etwas erbitten. Was wird nun jemand bitten, der gerade König geworden ist? Ein oberflächlicher Mensch würde vielleicht um Macht und Reichtum bitten. Salomo äußert aber eine andere Bitte:

1. Könige 3,7 ff: *Weil Du nun, o HERR, mein Gott, Deinen Knecht zum König gemacht hast an Stelle meines Vaters David, ich aber ein junger Bursche bin, der weder aus- noch einzugehen weiß; und weil Dein Knecht mitten unter Deinem Volk ist, das Du erwählt hast, einem Volk, das so groß ist, dass es vor Menge niemand zählen noch berechnen kann - so gib Du Deinem Knecht doch ein verständiges Herz, dass er Dein Volk zu richten versteht und unterscheiden kann, was gut und böse ist. Denn wer kann dieses Dein großes Volk richten?*

Salomo hat Gott um Weisheit gebeten, um das richtige Urteilsvermögen in den Rechtssachen, die als König vor ihn gebracht wurden. So ist ja später das sogenannte „Salomonische Urteil" sehr berühmt geworden (nachzulesen in 1. Könige 3,16 ff).

Gott erhört Salomos Gebet

Ab 1. Könige 3,10 lesen wir dann: *Und es war dem HERRN wohlgefällig, dass Salomo um dies bat. Und Gott sprach zu ihm: Weil du um dies bittest, und nicht um langes Leben und um Reichtum und um den Tod deiner Feinde bittest, sondern um Einsicht zum Verständnis des Rechts, siehe, so habe Ich nach deinen Worten gehandelt. Siehe, Ich habe dir ein weises und verständiges Herz gegeben, dass deinesgleichen vor dir nicht gewesen ist und deinesgleichen auch nach dir nicht aufkommen wird.* Gott hat Salomo also unvergleichliche, unbeschreibliche Weisheit geschenkt.

Gott gab aber Salomo noch mehr, was in den Sprüchen immer wieder als Folge der wahren Weisheit erwähnt wird. So heißt es nun weiter in 1. Könige 3, 13 ff: *Dazu habe Ich dir auch gegeben, was du nicht erbeten hast, Reichtum und Ehre, so dass deinesgleichen nicht sein soll unter den Königen dein ganzes Leben lang.* Reichtum und Ehre hat Gott Salomo in Seiner Barmherzigkeit und Großzügigkeit dazu geschenkt.

Salomo versagt

Allerdings stellt Gott für alle Seine Gaben eine Bedingung, die Salomo gegen Ende seines Lebens leider nicht mehr erfüllt. Gott sagt zu Salomo in 1. Könige 3,14: *Und wenn du in Meinen Wegen wandeln wirst, dass du Meine Satzungen und Gebote befolgst, wie dein Vater David gewandelt ist, so will Ich dir ein langes Leben geben!* Das bedeutet im Umkehrschluss: Wenn Salomo Gottes Gebote übertritt, wird ihn das Gericht ereilen.

Dies wurde leider der Fall. In 1. Könige 11 wird beschrieben, dass der König Salomo sich viele ausländische Frauen nahm, sie liebte und auch heiratete. Diese verführten ihn schließlich dazu, als er alt wurde, ihre heidnischen Götzen zu verehren, so dass er nicht mehr ungeteilt bei dem einzigen HERRN und Gott blieb. Vielleicht waren es auch sein großer Reichtum und seine Weisheit, die ihm zu Kopf gestiegen sind. Man muss hier vorsichtig sein und nicht spekulieren, aber vielleicht fing Salomo an, seine Weisheit sich selbst zuzuschreiben und wurde töricht? Auf jeden Fall war seine Verschwägerung mit moabitischen, ammonitischen, edomitischen, zidonischen, hetitischen und auch ägyptischen Frauen ein großer Fehler, der ihn schließlich zum Götzendienst verleitet hat.

Einige wichtige Fragen an den Leser

Hier ergeht die Frage an uns: Wer oder was ist für uns der bzw. das Höchste? Hängen wir unser Herz an Gott, den HERRN - oder an irdische Dinge oder Menschen? Steht der HERR in unserem Leben an erster Stelle - oder sind wir durch irgendetwas oder irgendjemand abtrünnig gemacht worden?

Wir kennen ja auch im Christentum die Problematik von Mischehen, in welchen der eine Partner gläubig ist und der andere nicht. Der Christ möchte dann sonntags in den Gottesdienst gehen - und der andere vielleicht zum Fußball oder ausschlafen etc. In solchen Ehen entstehen große Nöte.

Salomo besaß später an die tausend Frauen, was kein Vorbild war und auch dem Schöpfungswillen Gottes nicht entspricht. Ein Mann und eine Frau sollen ein Fleisch sein. In den grundlegenden Bibelstellen in 1. Mose 1 und 2 ist immer klar von der Einzahl und damit auch von der Einehe die Rede, genauso bei Jesus Christus und Paulus im Neuen Testament (Matthäus 19, 1 ff.; 1. Korinther 7). Gott ließ Salomos Handeln zwar zu, aber wir sehen, dass in der Bibel die „Vielehe“ (Polygamie) immer wieder Gericht nach sich zog. In 1. Könige 11 wird Gottes Gericht über Salomo beschrieben. Es wird dann in Form der Reichsteilung vollstreckt: Salomos Sohn Rehabeam behält nur noch die Stämme Juda und Benjamin. Jerobeam, sein Statthalter und Baumeister, übernimmt die anderen zehn Stämme Israels. Es ist ein Gericht, das sich über Jahrhunderte fortsetzen wird.

Hoffnung für Salomo

Aber ich habe doch noch Hoffnung für Salomo. Gott hat ihm ja so viel geschenkt, eben auch die wunderbare Weisheitsliteratur. Die Sprüche sind das Werk des HERRN! Sie sind nicht von Salomo erdacht, sondern Gott hat sie inspiriert und uns durch Salomo, Agur, Lemuel und andere Autoren überliefert. Deshalb sind alle Sprüche Gottes Wort, auch wenn Salomo selbst nicht immer perfekt und richtig gehandelt hat! Inspiration Gottes und den (leider nicht perfekten) Lebenswandel Seiner Werkzeuge müssen wir auseinanderhalten! So können wir die Sprüche Salomos sowie Hohelied und Prediger als Gottes Wort annehmen, weil ja Gott es inspiriert, es Salomo eingegeben hat. Salomo war nur Gottes Sprachrohr in der Zeit, in der er dem HERRN treu war.

Warum habe ich doch noch Hoffnung für Salomo? Mit seinem rätselhaftem Wesen habe ich mich lange beschäftigt. Ich habe Hoffnung für ihn, weil Salomo auch das Buch Prediger geschrieben hat (vergleiche Prediger 1, 1), von welchem man annimmt, dass es Salomos Alterswerk ist. Salomo hat es aus der Verklärung des Alters heraus verfasst und kam darin zu der Erkenntnis, dass das Tun und Treiben des gottlosen Menschen nichtig ist. So gehe ich davon aus, dass Salomo seinen Götzendienst doch noch als Sünde erkannt und Buße darüber getan hat.

Betrachten wir zum Beispiel Prediger 2, 1 ff: *Ich dachte in meinem Herzen: Auf, ich will es mit der Freude versuchen und das Gute genießen! Aber siehe, auch das ist nichtig! Vom Lachen sprach ich: Es ist töricht! Und von der Freude: Was bringt sie? Ich nahm mir in meinem Herzen vor, meinen Leib mit Wein zu verwöhnen, doch so, dass mein Herz in Weisheit die Leitung behielte, und mich an die Torheit zu halten, bis ich sähe, was für die Menschenkinder gut zu tun sei in ihren gezählten Lebenstagen unter dem Himmel. Ich führte große Unternehmungen durch; ich baute mir Häuser, pflanzte mir Weinberge. Ich schuf mir Gärten und Parkanlagen und pflanzte darin Fruchtbäume jeder Art. Ich legte mir Wasserteiche an, um daraus den sprossenden Baumwald zu tränken. Ich kaufte Knechte und Mägde und hatte auch Gesinde, das in meinem eigenen Haus geboren war; so hatte ich auch größere Rinder- und Schafherden als alle, die vor mir in Jerusalem gewesen waren. Ich sammelte mir auch Silber und Gold, Schätze der Könige und Länder; ich verschaffte mir Sänger und Sängerinnen und was zur Wollust der Menschensöhne dient: Frauen über Frauen. Letzteres* („Frauen über Frauen") war dann auch die Gerichtsursache, die in 1. Könige 11 beschrieben wird: Salomos Frauen verführen Salomo zum Götzendienst!

Und ich wurde größer und reicher als alle, die vor mir in Jerusalem gewesen waren; auch blieb meine Weisheit bei mir. Gott hat in Seiner Gnade die Weisheit von Salomo nicht weggenommen. *Und ich versagte meinen Augen nichts von allem, was sie begehrten; ich hielt mein Herz von keiner Freude zurück; denn mein Herz schöpfte Freude aus all meiner Mühe, und das war mein Teil von aller meiner Mühe. Als ich mich aber umsah nach all meinen Werken, die meine Hände gemacht hatten, und nach der Mühe, die ich mir gegeben hatte, um sie zu vollbringen, siehe, da war alles nichtig* (auch zu übersetzen mit: eitel, leer, vergänglich, sinnlos!) *und ein Haschen nach Wind, und nichts Bleibendes unter der Sonne!*

Hier findet sich meines Erachtens ein Sündenbekenntnis Salomos. Vielleicht hat er doch noch seine Sünde erkannt und Buße darüber getan. Natürlich wissen wir es nicht und dürfen nicht über Gottes Wort hinaus spekulieren, aber Hoffnung dürfen wir für Salomo haben. So wollen wir die Sprüche als Gottes Wort annehmen, so wie es Salomo und anderen von Gott in guter Zeit offenbart worden ist.

Gottesfurcht, der Anfang der Weisheit

Wir kommen nun zur Auslegung der Sprüche Salomos und betrachten zunächst die Verse 1,1-7:

Dies sind die Sprüche Salomos, des Sohnes Davids, des Königs von Israel, um zu lernen Weisheit und Zucht (Schlachter übersetzt: Unterweisung) *und zu verstehen verständige Rede, dass man annehme Zucht, die da klug macht, Gerechtigkeit, Recht und Redlichkeit; dass die Unverständigen klug werden und die Jünglinge vernünftig und besonnen. Wer weise ist, der höre zu und wachse an Weisheit, und wer verständig ist, der lasse sich raten, dass er verstehe Sprüche und Gleichnisse, die Worte der Weisen und ihre Rätsel. Die Furcht des HERRN ist der Anfang der Erkenntnis. Die Toren verachten Weisheit und Zucht.*

Lehre und Leben gehören zusammen

Wenn wir dies im Zusammenhang lesen, bemerken wir, dass hier nicht nur Kopfwissen vermittelt wird. Immer wieder ist von Zucht die Rede, von Gerechtigkeit, sich raten lassen, wachsen an Weisheit, Verständnis erwerben.

Wenn wir die Sprüche im Gesamten lesen, sehen wir, dass es um das Leben geht. Lehre und Leben gehören untrennbar zusammen! Es handelt sich also um keine abgehobene Philosophie, sondern es geht um das Leben, letztendlich um die Existenz des Menschen vor Gott, wie der Mensch vom irdischen Leben zum ewigen Leben (zu seiner Erlösung, in den Himmel) gelangt. Dies gelingt nur durch die Nachfolge des HERRN: Der Gläubige wird gerecht durch Jesu Sühnetod und richtet sein Leben an Gottes Wort aus. Hierzu haben uns die Sprüche viel zu sagen! Einige Themen der Sprüche sind: Die Zucht der Zunge, Demut, Fleiß, Genügsamkeit. Solche Tugenden können durch Gottes Gnade und Vergebung in einem geheiligten Leben erwachsen.

Noch einmal: Lehre und Leben gehören zusammen! Dies ist das Grundlegende, was wir aus den ersten sieben Versen der Sprüche entnehmen können.

Des Weiteren ist hier die Rede von Selbstbeherrschung, Tugend, Vorbild und Lernbereitschaft. Salomo selbst war ein Vorbild und hat immer wieder aus dem gelernt, was Gott ihm offenbart hat. Aber leider hat Salomo, wie erwähnt, in seinem späteren Leben versagt. Auch er war nur ein Mensch und auch bei ihm hatte, wie bei seinem Vater David, das Fleisch manchmal die Oberhand gewonnen. Aber solange der Mensch lebt und Atem hat, schenkt Gott oft mehrmals die Möglichkeit zur Umkehr.

Keine Erkenntnis ohne Gottesfurcht

Der entscheidende Vers der Sprüche überhaupt, das Thema sozusagen, ist Sprüche 1, 7: *Die Furcht des HERRN ist der Anfang der Erkenntnis. Die Toren verachten Weisheit und Zucht.* Um unser Leben zu verstehen, um zu verstehen, wer wir sind, um zu verstehen, was die Welt ist, um zu verstehen, wer Gott ist, müssen wir Gott fürchten, ehren und lieben. Nur dann kann und wird Gott unsere Gedanken in die richtige Bahn leiten. (Wobei Gottes Liebe zu uns und die Erfahrung derselben die Voraussetzung für unsere Gottesliebe ist - Er hat uns zuerst geliebt.) Nur dann wird Gott uns auch vor Irrwegen bewahren. Gott erkennen, kann nur derjenige, der Gott liebt. Dies hat bereits Philipp Melanchthon geäußert: „Gott zu erkennen, heißt Gott zu lieben."

Im Hebräischen gibt es für „erkennen“ den Begriff „jada“. Dieses Erkennen bezieht sich auch auf das Gebiet der Liebe und bedeutet, mit jemandem engste Gemeinschaft zu haben. Im Alten Testament steht dieses Erkennen sogar für die Ein-Fleisch-Werdung von Mann und Frau. Steht in der Bibel „und er erkannte seine Frau“, so heißt das, dass dieser Mann fleischliche Gemeinschaft mit seiner Frau hatte, aus welcher dann auch Kinder hervorgegangen sind. Erkennen ist dabei freilich mehr, als nur sexuelle Gemeinschaft zu haben. Es bezieht sich auf den Kontakt mit der ganzen Person – Geist, Seele und Leib. Wirkliches Erkennen ist also nur in der Liebe möglich.

Die Liebe als Quelle des Verstehens

Wenn ich einen Gegenstand untersuche, muss ich eine Beziehung dazu haben, sonst wird das Ergebnis falsch sein. Schreibe ich beispielsweise ein Buch über die Ehe oder die Liebe, dann muss ich eine Beziehung dazu haben. Ich bin immer etwas skeptisch, wenn jemand rein theoretisch von etwas redet, in dem er nicht lebt. So hat z. B ein Evangelist, der sein ganzes Leben lang unverheiratet war, ein Buch über die Ehe verfasst. Dies ist zumindest sehr mutig. Aber die Ehe hat er wohl nur von „außen“, vermutlich aus der Seelsorge, gekannt. Wenn ich meinen Vortrag über das Wesen der Frau halte („Die Frau nach Gottes Plan“), dann geht es darum, dies in der rechten Liebe zu tun, gerade aus der Erfahrung der Ehe heraus.

Um etwas recht zu verstehen, um auch Menschen recht zu verstehen, muss man dies auf dem Hintergrund der Liebe tun. Rein theoretische, von der Beziehung abgehobene Betrachtungen genügen nicht zum wahren Verstehen. ***Ein Mensch sieht, was vor Augen ist; der HERR aber sieht das Herz an***, lesen wir in 1 Samuel 16,7. Auch zum Verständnis und zur rechten Umsetzung der Sprüche müssen diese mit dem Herzen gehört werden! Noch einmal: Die Furcht des HERRN ist der Anfang der Erkenntnis. Die Toren verachten Weisheit und Zucht. Gott selbst lässt sich erkennen, nur sind viele Menschen für geistliche Dinge blind.

Fünf Gebiete, auf denen sich Gott erkennen lässt

Ich kann mindestens fünf Gebiete nennen, auf denen sich Gott erkennen lässt.

1. Die Schöpfung: Wer wirklich (geistlich gesprochen) „Augen zum Sehen und Ohren zum Hören“ hat, der erkennt, dass unsere wunderbare Schöpfung kein Zufall sein kann. Die Theorie der Evolutionslehre wird einmal folgendermaßen karikiert: „Schütten Sie Drähte in ein Gefäß und schütteln sie dieses ein paar Millionen Jahre lang, so wird ein Radio daraus entstehen.“ Dies ist natürlich barer Unsinn. Niemals wird aus diesem Schütteln ein Radio entstehen. Genausowenig entsteht aus Einzellern über verschiedene Entwicklungsstufen ein Mensch. Die Schöpfung Gottes ist wunderbar. Wir können z.B. die Präzision des Vogelflugs betrachten, wie die Zugvögel immer wieder in ihre Heimat finden! Diese Orientierung wurde ihnen von Gott, dem Schöpfer, einprogrammiert. So spricht man heute auch in Bezug auf die Schöpfung vom „intelligent design“, vom „intelligenten

Planungsentwurf". Nur ein Tor, ein Narr, kann die Schöpfungslehre leugnen. Schon in Römer 1, 18 lesen wir, dass Gott sich in Seinen Werken offenbart hat.

Auch der Mensch ist ein Wunderwerk. Achten wir einmal auf die Präzision des Auges oder des Gehirns! Das menschliche Gehirn übertrifft an Leistungsfähigkeit jeden Computer und kann von keinem Elektronengehirn nachgeahmt werden. Es ist wunderbar von Gott geschaffen! Man könnte hier noch vieles nennen. Wenn man zum Beispiel Blumen unter dem Mikroskop betrachtet, sieht man viele Wunder. Die Zellen an sich schon sind unnachahmlich.

2. Die Geschichte: Wer die Geschichte betrachtet, die Heilsgeschichte und Weltgeschichte, in der ein Weltreich auf das andere folgt, sieht voller Staunen den „roten Faden" von Gottes Handeln (vgl. Daniel 2 und 7).

3. Das Volk Israel: Es ist eines der kleinsten Völker überhaupt, auch heute noch, und gerade deshalb von Gott erwählt. Dieses Volk hat sich nach einer fast 2000 Jahre währenden Zerstreuung wieder gesammelt. Dies ist ein Wunder in Gottes Heilsgeschichte. Was hat dieses Volk gelitten an Verfolgung: Pogrome durch viele Völker bis hin zum (leider) deutschen Holocaust. Dennoch hat Israel seine Identität bewahrt. All dieses (auch die Staatsgründung Israels) wurde Jahrtausende vorher von den Propheten im Alten und im Neuen Testament vorausgesagt (vgl. Jesaja 11; Hesekiel 36 ff.; Sacharja 12 – 14).

4. Das Gewissen: In Römer 2 wird uns bezeugt, dass sogar den Heiden Gottes Gesetz in ihr Gewissen geschrieben ist. Also selbst Menschen, die noch nie eine Bibel gelesen haben, wissen in ihrem Innersten, in ihrem Herzen, was gut und böse ist. Nun kann man das Gewissen allerdings verrohen lassen und sich bewusst gegen Gottes Wort abstumpfen. Wenn man sich bildlich gesprochen bei Gottes Reden die Ohren zuhält, so folgt schließlich Verstockung und Gericht (biblisches Beispiel: der

Pharao in 2. Mose). Christen können ihr Gewissen am Worte Gottes schärfen. So sollten wir zum Beispiel die Zehn Gebote und die Bergpredigt Jesu verinnerlichen.

5. Jesus Christus: Er kam in diese Welt, sprach vollmächtige Worte und vollbrachte gewaltige Taten. Er heilte Kranke, weckte Tote auf und machte Blinde wieder sehend. Er starb am Kreuz auf Golgatha, um uns Menschen von unseren Sünden zu erlösen und stand am dritten Tage von den Toten auf. Ein gewaltiger Beweis von Gottes Wundertaten und Wundermacht! Hunderte haben Jesus Christus nach Seiner Auferstehung lebendig gesehen (1. Korinther 15). Jesus Christus ist der Erste von den Toten Auferstandene, der ewig lebt. Lazarus, den Jesus vom Tode auferweckte, ist später wieder gestorben. Jesus Christus jedoch ist 40 Tage nach seiner Auferstehung aufgefahren in den Himmel und hat sich dort als Mitregent zur Rechten Gottes gesetzt.

Soweit fünf zentrale Beispiele, wo und wie man Gott erkennen kann.

Ungläubige können Gottes Wort nicht verstehen

Gottesfurcht ist der Weisheit Anfang. Aus diesem Grunde muss die Basis stimmen, wenn wir die Sprüche und das weitere Wort Gottes betrachten. Egal welches Buch der Bibel wir betrachten, unser Lesen muss von der Furcht des HERRN (gemeint ist Ehrfurcht vor Gott) bestimmt sein. Jeder, der ungläubig die Bibel liest, kommt zu ganz anderen und bruchstückhaften Erkenntnissen, im Vergleich zu dem, welcher es mit gläubigem Herzen tut. Deshalb können ungläubige Theologen die Bibel gar nicht wirklich verstehen. Sie kreisen immer nur um den historischen Randbereich und sind bemüht, angeblich Echtes vom Unechten zu unterscheiden. Dies sind ihre Probleme und Sorgen, anstatt das Wort Gottes wirklich auf sich und das Leben anzuwenden.

Ich selbst habe Theologie an der Universität studiert und würde heute davon eher abraten, weil dies mit vielen Glaubenskämpfen verbunden ist. Der HERR hat mich bewahrt, aber dies ist nicht selbstverständlich, denn ich kenne viele, die durch das Theologiestudium im Glauben Schiffbruch erlitten haben.

Die Basis meines Lebens muss also stimmen, sonst wird alles falsch, auch die Wortbetrachtung. Wenn wir die Furcht des HERRN als der Weisheit Anfang annehmen und ernst nehmen, erkennen wir zum Beispiel, dass es Gott der Schöpfer (und nicht die Evolution) war, der Himmel und Erde ins Dasein brachte, so wie es ganz klar in der Bibel beschrieben wird.

Wer Gott liebt, hält Seine Gebote

Die menschliche Autonomie und Selbstgesetzgebung, die ja von vielen Systemen vertreten wird („Ich bin mein eigener Herr..." etc.), führt nicht zum Ziel. Die heutige Gesetzgebung, bis hin zur Europäischen Verfassung, will leider (weitgehend) ohne Gott auskommen. Die Grundlage aber für ein geordnetes Zusammenleben sind im Staat die Zehn Gebote, in der Gemeinde Jesu zusätzlich die Bergpredigt. Die Zehn Gebote Gottes stehen in 2. Mose 20. Sie enthalten die wahre Freiheit im HERRN: Gott allein ehren, Seinen Namen nicht missbrauchen, sich kein Bildnis (kein Götzenbild) machen von dem, was im Himmel, auf Erden und unter der Erde ist und es nicht anbeten und ihm dienen; Vater und Mutter ehren, den Ruhetag heiligen, nicht töten, nicht stehlen, nicht ehebrechen, den Nächsten nicht verleumden, kein falsches Zeugnis gegen ihn reden, seine Frau nicht begehren und auch nicht das, was er besitzt. Soweit eine kurze Zusammenfassung der Zehn Gebote. Sie bilden, wie gesagt, die Grundlage für das gesellschaftliche Zusammenleben.

Wahre Gottesfurcht treibt Menschenfurcht aus

Die Gottesfurcht muss bei uns Christen an die Stelle der Menschenfurcht treten. Die wahre Gottesfurcht treibt die Menschenfurcht aus. Hierzu möchte ich ein Beispiel wiedergeben: In einer Schule baten Schüler für einen Gebetskreis in der Pause den Rektor um ein Zimmer. (Ich selbst kam übrigens auch in einem Schülergebetskreis zum Glauben. Noch heute bin ich den damaligen Mitschülern dankbar, die mir den Glauben an Jesus in Wort und Tat vorgelebt haben.) Der Rektor wies ihnen einen verglasten Raum im Schulinnenhof zu, in welchen jeder hineinsehen konnte. Nach erstmaligem Zögern nahmen die Schüler den Raum an und fingen an, in diesem Glaskasten zu beten. Sie hatten die Menschenfurcht überwunden und einfach dem HERRN vertraut. Anfänglich trieben einige ihren Spott, die an dem Raum vorbeigingen, aber - wie wunderbar! - der Gebetskreis wuchs! Der HERR hatte die Gottesfurcht der Betenden, die über die Menschenfurcht gesiegt hatte, gesegnet, so dass immer mehr Schüler zu diesem Gebetskreis hinzukamen.
Die Frage an uns lautet: Besitzen auch wir mehr Gottesfurcht als Menschenfurcht? Wir können die Menschenfurcht nur dann verlieren, wenn die Furcht des HERRN in unseren Herzen darüber steht. Auch für mich ist dies entscheidend. Ich habe schon viele furchterregende Erlebnisse im Leben gehabt: Menschen haben mich durch üble Nachrede verfolgt; sie wollten mich mundtot machen und zum Schweigen bringen. Aber ich konnte durch die Gnade des HERRN immer wieder weiterarbeiten im Reich Gottes. Was können einem Menschen tun, wenn man sich ganz vom HERRN abhängig weiß? Leider war auch ich in der Nachfolge Jesu nicht immer treu und ich bin auch kein besonderer Heiliger, - dies sei falschen Erwartungen zum Trotz gesagt. Aber ich durfte - und wir alle dürfen

das! - immer wieder zum HERRN flüchten. Das ist das Entscheidende! Gerade in den schwierigen Situationen gilt: Näher, mein HERR, zu Dir!

Wahre Gottesfurcht bewahrt vor menschlichen Selbsterlösungs-Ideologien

Gottesfurcht vertreibt also Menschenfurcht. Wenn wir in der Furcht des HERRN wandeln, werden wir erkennen, dass Er Sein Reich bauen wird. Wir müssen nicht irgend welchen Ideologien verfallen, die eigene Reiche als Vorwegnahme des Gottesreiches in menschlicher Anmaßung planen, was einem neuen Turmbau zu Babel gleichkäme (1. Mose 11). Hier sei an die Hure Babylon in der Johannes-Apokalypse (Kapitel 17) erinnert: Die Menschheit versucht auf dem religionsökumenischen Weg, alle Ideologien und Religionen zu einem neuen Turmbau zu Babel zusammenzuziehen. Dieser Versuch wird ins antichristliche Reich münden, welches nur 42 Monate andauert. Das antichristliche Reich wird ein Gigantismus, ein Titanismus des menschlichen, satanisch gewirkten Strebens sein. Aber: Hochmut kommt vor dem Fall! (Eine bekannte Weisheit aus den Sprüchen!) Lassen wir uns das eine Warnung sein, damit wir nicht dieser Menschheitsvereinigungs-Ideologie verfallen!

Gottes Wort sagt uns, dass wir alle Menschen, auch unsere Feinde lieben sollen, aber das heißt nicht, dass wir bei falschen ökumenischen Bestrebungen mitmachen sollen, durch welche der Mensch in der Endzeit nun doch noch den Turmbau zu Babel ausführen will. Wenn wir diesem Turmbau widerstehen, uns nicht daran beteiligen, werden wir auch nicht falsche Götter verehren, sondern dem alleinigen einen Gott der Bibel in Seinem Sohn Jesus Christus die Ehre geben, wie es die wahre Gottesfurcht als Anfang der Weisheit bewirkt! - Die Furcht des HERRN ist der Anfang der Erkenntnis!

Sei kein vergesslicher Hörer des Wortes Gottes!

Nun möchte ich auf einige weitere Verse aus dem Buch der Sprüche eingehen, die sich konkret auf die Gottesfurcht beziehen. Ich kann hier nicht das ganze Buch der Sprüche auslegen, sondern möchte einzelne Schwerpunkte setzen. So wird in Sprüche 3, 1 - 8 einiges sehr ausführlich über die Gottesfurcht gesagt: *Mein Sohn, vergiss meine Lehre nicht, und dein Herz bewahre meine Gebote! Denn sie werden dir Verlängerung der Tage und Jahre des Lebens und viel Frieden bringen. Gnade und Wahrheit werden dich nicht verlassen! Binde sie um deinen Hals, schreibe sie auf die Tafel deines Herzens, so wirst du Gunst und Wohlgefallen erlangen in den Augen Gottes und der Menschen.*

Nun folgt ein bekannter, einprägsamer und wichtiger Vers: *Vertraue auf den HERRN von ganzem Herzen und verlass dich nicht auf deinen Verstand; erkenne Ihn (den HERRN!) auf allen deinen Wegen, so wird Er deine Pfade ebnen. Halte dich nicht selbst für weise; fürchte den HERRN und weiche vom Bösen! Das wird deinem Leib Heilung bringen und deine Gebeine erquicken.*

In Vers 1 steht, dass wir Gottes Gebote bewahren sollen. Wir sollen also keine vergesslichen Hörer des Wortes Gottes sein. Gut, dass wir heute Predigten auf Band aufzeichnen und sie somit noch einmal vertieft hören können. Auch können wir zu Hause das Thema noch einmal in Gottes Wort nachlesen. Wichtiges sollen wir also in Verstand und Herz bewahren. Schlimm ist es, wenn Verkündigungen zum einen Ohr hinein und zum anderen wieder herausgehen. Wenn wir hingegen nur einen Satz oder Gedanken einer Predigt in unserem Leben umsetzen können, hat sich die Botschaft bereits gelohnt! Dies gilt für alle geistliche Betätigung.

Wahrer Seelenfrieden

Wenn wir Gottes Wort beherzigen, gilt uns Sprüche 3, 2: *Denn sie* (die Gebote Gottes) *werden dir Verlängerung der Tage und Jahre des Lebens und viel Frieden bringen.* Die Menschen zerstören sich selbst, wenn sie Gottes Gebote übertreten! Durch Rauchen, übermäßigen Alkoholgenuss, Unzucht, Ehebruch, Diebstahl und alle anderen Sünden schädigt der Mensch sich und andere. Er verkürzt sich durch die Sünde das irdische Leben und beraubt sich auch des ewigen Lebens, wenn er nicht vor seinem Tode zu Jesus umkehrt (wobei man nie die Bekehrung hinausschieben darf, da man seine Todesstunde nicht kennt!). Auch wenn wir dem HERRN dienen, ist das natürlich keine Garantie dafür, dass wir 90 Jahre alt werden. Aber es liegt ein Segen darauf, wenn wir Gott gehorsam sind. In jeder Hinsicht wird ein Leben, das von Jesus geführt wird, in besseren Bahnen verlaufen als das eines unbußfertigen Sünders, und es wird vom Frieden Gottes erfüllt sein.

Das heißt nun wiederum nicht, dass wir keine Konflikte erleben werden, wenn wir dem HERRN konsequent nachfolgen. Im Gegenteil, es kommt dann zwangsläufig zu Auseinandersetzungen mit der unerlösten Welt und dem Seelenfeind, dem Teufel. Aber dennoch werden wir in allen Anfechtungen, wenn wir Jesus gehorsam sind, einen inneren Frieden haben, einen Seelenfrieden, - den Schalom. Wir werden Frieden und Kampf haben: Andere Menschen, der Widersacher, die Sünde werden uns angreifen und wir müssen geistlich kämpfen, aber gleichzeitig können wir in Gottes Liebe, in Seinem Frieden ruhen, in der Gewissheit, dass Jesus bei uns ist und alles recht hinausführt.

Die innere Veränderung wird sichtbar

In Sprüche 3, 3 ff heißt es dann weiter: *Gnade und Wahrheit* (hebr. ämät: dies kann auch mit „Treue“ übersetzt werden) ***werden dich nicht verlassen! Binde sie um deinen Hals, schreibe sie auf die Tafel deines Herzens.*** Im Judentum ist es üblich, sich tatsächlich Gottes Wort auf Tafeln zu schreiben oder um die Stirn zu binden. Die Zehn Gebote, die Mose vom Gott empfing, waren ja auf steinerne Tafeln geschrieben. Gottes Wort ist so wichtig, dass man es sich mit allen Mitteln einprägen soll, dass es im Herzen wie auf einer Tontafel verinnerlicht ist. Was der HERR uns in Seinem Wort sagt, soll uns in Fleisch und Blut übergehen. Gott meint es gut mit uns, denn Seine Gebote dienen uns ja zu einem gesegneten Leben.

In Sprüche 3,4 steht dann: *... so wirst du Gunst und Wohlgefallen erlangen in den Augen Gottes und der Menschen.* In den Augen Gottes ist uns ersichtlich, aber warum auch in den Augen der Menschen? Nun, wenn ich nicht töte, nicht stehle, nicht lüge (zumindest nicht bewusst die Unwahrheit sage), dann werden auch Menschen das schätzen und dadurch gesegnet werden. So wird man durch einen frommen Wandel bei Gott und den Menschen Gunst erlangen. So bringt die konsequente Nachfolge auf der einen Seite Kampf mit den Menschen, wenn sie gottlos leben wollen und wir sie durch einen frommen Lebenswandel stören, aber sie wird uns auch Anerkennung bringen, wenn die Menschen unsere Veränderung durch Jesus sehen. Sie staunen und wundern sich, wenn ein von Jesus veränderter Mensch plötzlich Gutes tut, nicht mehr flucht, nicht mehr betrügt, nicht mehr stiehlt, sondern treu seine Arbeit verrichtet und nicht mehr faul ist. Ein frommer Wandel spricht oft mehr als fromme Worte! Keines von beidem sollte fehlen.

Verlasse dich nicht auf deinen Verstand!

Ich komme nun noch einmal zu Sprüche 3, 5 - 8: *Vertraue auf den HERRN von ganzem Herzen und verlass dich nicht auf deinen Verstand; erkenne Ihn* (den HERRN!) *auf allen deinen Wegen, so wird Er deine Pfade ebnen.* Nun ist es ja so: Wenn man eine Schule besucht und danach studiert oder eine Ausbildung macht, folgt oft darauf die Einbildung, weil man denkt, dass man nun mehr als die anderen weiß. Diese Gefahr ist immer dann gegeben, wenn man etwas lernt, was andere vielleicht nicht so leicht lernen können. So lerne ich zur Zeit Russisch, um mit den Verwandten meiner Frau besser kommunizieren zu können. Ich tue dies aber, ohne mir darauf etwas einzubilden. Der HERR hat uns den Verstand gegeben und wir sollen ihn auch benutzen und üben. Unseren Kindern sage ich, dass wir immer weiter lernen im Leben, - auch nach der Schule lernen wir nie aus. Aber wir sollen uns nicht auf unseren eigenen menschlichen Verstand verlassen!

Wir sind dankbar, dass der HERR uns unseren Verstand erhält. Aber Er kann ihn auch von heute auf morgen wegnehmen oder verwirren! Dies ist Nebukadnezar (im Buch Daniel, Kapitel 4) widerfahren, als er hochmütig wurde, dass er auf die Stufe eines Tieres herabsank und sogar Gras fressen musste (Gott hat ihn später wieder erhöht). Meine Mutter ist von einem Tag auf den anderen durch einen Schlaganfall in die Demenz gefallen. Dies sind schockierende Vorgänge! So ist es Gottes Gnade, wenn wir noch klar denken können.

Wenn wir erkennen, dass alles, was wir im Leben haben, uns durch Gottes Gnade geschenkt ist, so hält uns dies in der Demut vor Gott. Möge uns der HERR in der Demut bewahren, gerade dann, wenn wir denken, wir hätten irgendwelche höheren Erkenntnisse. In christlichen Kreisen gibt es oft Menschen mit „höheren Erkenntnissen". Dies kann wohl auch manchmal echt sein, aber gerade hier gilt: Prüfet alles und das Gute behaltet! Prüfet die Geister, ob sie von Gott sind. Denn es sind viele falsche Propheten in die Welt hinausgegangen, auf dass sie viele verführen! (vgl. 1. Thessalonicher 5,21; 1. Johannes 4,1 f.). Wir dürfen und sollen alle Erkenntnis anhand des Wortes Gottes prüfen. Auch uns selbst!

Verlasse dich auf den HERRN von ganzem Herzen!

Verlassen wir uns auf den HERRN von ganzem Herzen? Oder denken wir, dass wir aus eigener Kraft und eigenem Rat zurechtkommen? Viele Menschen denken, wenn das Leben glückt, ist es ihnen zuzuschreiben, wenn es missglückt, ist es Gottes Schuld. Welch ein Frevel und Unglaube! Dies ist nicht biblisch und geistlich gedacht.

In Wirklichkeit gilt Folgendes: Wenn unser Leben glücklich verläuft, so ist dies ein Geschenk vom HERRN. Und wenn Unglück kommt, so lässt Gott dies zu, damit wir zu Ihm flüchten und uns stärker an Ihn binden. Wenn es uns gut geht, sollen wir Ihm danken, wenn es uns schlecht geht, sollen wir beten. Jakobus 5, 13 ermahnt uns: ***Leidet jemand unter euch, der bete; ist jemand guten Mutes, der singe Psalmen.***

Auch ich gehe manchmal durch einige Krankheitsnot und bin doch dankbar, dass ich die Kraft habe, meinen Dienst für den HERRN zu tun. Jeder Tag, den wir leben auf dieser Erde, ist Gnade; aber wenn wir gläubig sind, dürfen wir uns darauf freuen, dereinst einmal beim HERRN zu sein. Deshalb ist es immer eine Gnade, wenn ein gläubiger Mensch in den Himmel heimgehen darf, aber ein furchtbares Gericht, wenn ein Ungläubiger ohne Wiedergeburt sterben muss. Deshalb wollen wir immer wieder andere Menschen zum HERRN einladen, damit sie nicht verloren gehen.

Halte dich nicht selbst für weise; fürchte den HERRN und weiche vom Bösen! Das wird deinem Leib Heilung bringen und deine Gebeine erquicken. Halten wir uns also nicht selbst für klug oder weise! Weisheit ist höher einzustufen als eine Klugheit, die man sich angelernt hat. Aber auch die Weisheit, wenn wir sie uns selbst zuschreiben, kann uns zur Gefahr werden. Dies ist ein besonderer Fallstrick des Teufels. Immer müssen wir erkennen und im Herzen behalten, dass wir völlig von Gott abhängig sind.

... fürchte den HERRN und weiche vom Bösen. Der Böse möchte uns zu Fall bringen durch Bosheit und Hochmut, der Wurzel aller Sünden. Wenn wir davon weichen, wird auch unserem Leib Heilung oder Linderung geschehen. Das ist das Geheimnis, welches in Jakobus 5 beschrieben wird: Wenn man krank ist, darf man die Ältesten rufen und seine Sünden bekennen und (so die Verheißung) es wird besser werden. Der HERR ist unser Arzt. Er möchte und kann, aber Er muss nicht immer heilen. Zwingen können wir Gott nicht dazu! In manchen (charismatisch und pfingstlich orientierten) Kreisen wird gelehrt, dass wer nicht gesund wird, nicht richtig glaubt. Dies dürfen wir nicht behaupten! Siehe Hiob!

Auch in Krankheitsnöten müssen wir vertrauensvoll beten: HERR, Dein Wille geschehe! Wir sollen Schuld immer ausräumen, aber nicht jede Krankheit hängt mit einer individuellen Schuld zusammen. Vergänglichkeit, Krankheit und Tod sind Folgen des Sündenfalls. Aber für die jeweils individuelle Krankheit gibt es verschiedene Gründe und Ursachen. Alles in unserem Leben dürfen wir dem HERRN bringen und sagen. So sei noch einmal auf den Schlüsselvers der Sprüche hingewiesen, um Gottes Wort und alles im Leben recht zu verstehen: Die Furcht des HERRN ist der Anfang der Weisheit und Erkenntnis. Amen.

Wir beten: *Lieber Heiland, HERR Jesus Christus, danke, dass in Dir alle Fülle der Weisheit und Erkenntnis liegt. Wir können Dir nichts bringen, was Du uns nicht schenkst. Du schenkst uns auch die Erkenntnis Deines Wortes. Vergib mir, wo ich meinem eigenen Verstand zu viel zugetraut und Dir nicht die Ehre gegeben habe, Dir nicht recht nachgefolgt bin. Schenke uns, dass wir Dir noch treuer dienen und Dich über alles stellen, dass wir Dich HERR über unser Leben sein lassen und nicht selbst Herren sein wollen. Stoße unser Ich vom Thron und regiere Du in unseren Herzen. Stärke uns nach Geist, Seele und Leib, halte uns in der rechten Demut und segne auch die Betrachtung Deines Wortes. Dir sei alle Ehre. In Deinem Namen, HERR Jesus, amen.*

Weisheit und Torheit

Das Thema „Weisheit und Torheit“ (Torheit = Narrheit, Dummheit, Klug-Sein-Wollen ohne Gott) durchzieht das gesamte Buch der Sprüche wie ein roter Faden. Hier einige Beispiele:

Sprüche 9, 6 : *Verlasst die Torheit, damit ihr lebt, und wandelt auf dem Weg der Einsicht!*

Sprüche 17,12: *Besser, es trifft jemand eine Bärin an, die ihrer Jungen beraubt ist, als einen Narren in seiner Torheit!*

Sprüche 18,13: *Wer antwortet, bevor er gehört hat, dem ist es Torheit und Schande.*

Sprüche 22,15: *Torheit steckt dem Knaben im Herzen, aber die Rute der Zucht wird sie ihm austreiben.*

Sprüche 12,23: *Ein kluger Mensch verbirgt sein Wissen, aber das Herz der Narren schreit die Torheit hinaus.*

Sprüche 26,3 ff: *Dem Pferd eine Geißel, dem Esel einen Zaum, und dem Narren eine Rute auf den Rücken! Antworte dem Narren nicht nach seiner Narrheit, damit nicht auch du ihm gleich wirst; antworte aber dem Narren nach seiner Narrheit, damit er sich nicht für weise hält. Es haut sich die Füße ab und muss Ärger schlucken, wer seine Angelegenheiten durch einen Narren besorgen lässt. Die Beine des Lahmen hängen schlaff herunter: so ist ein weiser Spruch im Mund der Toren. Wie wenn man einen Stein in der Schleuder festbindet, so ist's, wenn man einem Toren Ehre erweist. Ein Dorn geriet in die Hand eines Trunkenen und ein Spruch in den Mund der Toren! Ein Schütze, der alle verwundet, so ist, wer einen Toren und Dahergelaufene in Lohn nimmt. Wie ein Hund, der zu seinem Gespei zurückkehrt, so ist ein Narr, der seine Dummheit wiederholt. Siehst du einen Mann, der sich selbst für weise hält, so kannst du für einen Toren mehr Hoffnung haben als für ihn!*

Ich habe nur einige Verse zu diesem Thema herausgegriffen und werde später auf diese eingehen. Nun möchte ich zunächst einen Überblick über den Gegensatz von göttlicher Weisheit und menschlicher Torheit geben.

Göttliche Weisheit kommt von Gott

Die göttliche Weisheit stammt von Gott. Die menschliche Torheit kommt vom Menschen, aus dessen Herz nichts Gutes strömt. Aus dem Herzen des Menschen - so warnt uns die Bibel – entspringen dumme und böse Gedanken, törichtes Wesen und alle Narretei. Jesus Christus spricht: *Was aber aus dem Mund herauskommt, das kommt aus dem Herzen, und das macht den Menschen unrein. Denn aus dem Herzen kommen böse Gedanken, Mord, Ehebruch, Unzucht, Diebstahl, falsches Zeugnis, Lästerung* (Matthäus 15,18 f).

Göttliche Weisheit ehrt Gott

Die Weisheit, die Gott schenkt, gibt Gott die Ehre. Sie ehrt Gott als Geber aller Weisheit. Die Torheit hingegen führt dahin, dass der Tor sich selbst ehrt. Der törichte Mensch macht sich selbst groß und möchte etwas gelten.

Göttliche Weisheit verlässt sich auf Gott

Die göttliche Weisheit, also die Weisheit, die Gott dem Menschen schenkt, verlässt sich ganz auf Gott. Sie setzt auf Gott allein ihr Vertrauen. Die menschliche Torheit verlässt sich auf ihren eigenen Verstand und auf ihre eigene Kraft. Der Tor meint immer, er wisse schon alles. Im Universitätsstudium trifft man manchmal auf Studenten im ersten Semester, die meinen, sie wüssten schon alles. Je länger man aber studiert, um so mehr erkennt man, wie wenig man eigentlich weiß. Dies ändert sich auch nicht am Ende des Studiums und auch nicht am Ende des Lebens. Der griechische Philosoph Sokrates prägte den zutreffenden Satz: „Ich weiß, dass ich nicht weiß!"

Der Weise gehorcht Gott

Der Weise, der mit göttlicher Weisheit beschenkt ist, gehorcht Gott, vertraut Ihm, ehrt und liebt Ihn. Der Tor aber gehorcht dem, der letztlich möchte, dass er töricht bleibt, nämlich dem Teufel!

Wer töricht bleiben möchte und sich nichts sagen lässt, wer keine göttliche Erkenntnis und Gottesfurcht annimmt, - die Gottesfurcht ist ja der Anfang der Weisheit und der Erkenntnis – , der gehorcht – auch ohne, dass er es merkt – dem Teufel. Der Teufel hat die Menschen im Paradies dazu verführt, von der Frucht der Erkenntnis des Guten und Bösen zu essen: Ein Baum, der klug macht, eine Frucht, die die Augen öffnet - mit diesen Versprechungen hat der Teufel den Menschen geködert (1. Mose 3). Der Mensch ist damals der Einflüsterung der Schlange verfallen, sich selbst für groß, selbstständig und weise zu halten. Dabei jedoch beging er in Wirklichkeit die törichteste und verhängnisvollste Handlung der Geschichte: die Trennung von Gott und dem herrlichen Paradies.

Göttliche Weisheit ermöglicht wahre Erkenntnis

Wahre Erkenntnis beruht auf göttlicher Offenbarung und nicht auf philosophischen, eigenmächtigen Bestrebungen. Wir können nur das erkennen, was Gott uns offenbart. Wahre Erkenntnis schenkt Gott von „oben" nach „unten", während menschliches Erkenntnisstreben sich von „unten“ nach „oben“ zu mühen sucht. Menschliches Erkenntnisstreben führt aber in die Irre, weil es immer im eigenen Wesen verhaftet bleibt, weil es wie eine Fahne nach allen möglichen Richtungen ausschlägt, aber letztlich nicht zu Gott durchdringt. Das menschliche Erkenntnisstreben ist wie ein Grashalm, der von jedem Wind hin- und herbewegt wird. Eigenmächtige Erkenntnis kann nicht zum lebendigen Gott durchdringen, sondern sie hebt das eigene Ich auf den Thron und macht es zum Götzen, wie es uns in den vielen Religionen, Ideologien und Lebensformen begegnet.

Der Weise lässt sich korrigieren

Menschen, die von Gottes Weisheit beschenkt sind, lassen sich etwas sagen. Sie sind belehrbar und nehmen Korrektur und Kritik an, wenn sie biblisch begründet ist. Sie lassen sich von Gottes Geist zum Guten verändern! – Der Tor aber ist übermütig und anmaßend. Er lässt sich nichts sagen, weil er seiner Meinung nach alles besser weiß. Weil der Tor auf Gott nicht hören will, geht er durch seine Narrheit verloren.

Der Weise ist hörbereit

Der Weise hört im Gespräch zu. Der Tor hingegen hört nicht zu, sondern er schreit seine Narrheit heraus. Besonders an Fasching wird der größte Unsinn geradezu herausgeschrien. Menschen, die sich nichts sagen lassen, die Gott und Sein Wort nicht ernst nehmen, halten sich selbst für klug und geben ihre Narretei zum besten.

Der Weise ist bereit, für Gott zu leiden

Am Anfang des 21. Jahrhunderts ging eine neue Atheismuswelle durch die Welt. Ein englischer Professor namens Dawkins hatte den antichristlichen Bestseller „Der Gotteswahn“ geschrieben. Dieser Mann und seine Anhänger ließen sogar

Busse mit der Aufschrift bekleben: „Mit an Sicherheit grenzender Wahrscheinlichkeit gibt es keinen Gott." Ein Busfahrer in England weigerte sich, mit dieser Reklame zu fahren, und verlor dadurch seine Arbeitsstelle. Auch wir müssen, wenn solche Entscheidungen auf uns zukommen, Gott mehr ehren als die Menschen und nach unserem Gewissen, das an der Heiligen Schrift geschärft sein sollte, handeln. Auch wir werden immer wieder in Entscheidungen stehen, die uns irdische Vorteile kosten können, weil wir Gott mehr gehorchen als den Menschen. Dies kann Leiden um Jesu Willen mit sich bringen.

Der Weise ist treu, gerecht und liebevoll

Die göttliche Weisheit praktiziert Treue, Gerechtigkeit und wahre Liebe. Die menschliche Torheit praktiziert Untreue, Ungerechtigkeit und Betrug.

Der Weise gelangt ins Himmelreich

Die göttliche Weisheit führt zum Himmelreich, die Torheit aber führt geradewegs in die ewige Verdammnis.

Der biblische Kontrast

Ich versuche den Inhalt – den Sprüchen entsprechend - anhand von Gegensatzpaaren zu erläutern. Die Sprüche bestehen im Hebräischen häufig aus rhythmischen Zweizeilern, Vierzeilern, Sechszeilern und Achtzeilern, die in Form von Gegensatzpaaren aufgebaut sind. Diese Gegensätze verdeutlichen anschaulich, welche Lehre vom HERRN und welche vom Teufel kommt.

Zur Vertiefung dieses Themas möchte ich nun Sprüche 9,1 ff anführen. Diese Textpassage ist in manchen Bibeln mit dem Gegensatzpaar „Ruf der Weisheit - Ruf der Torheit" übertitelt: Zunächst hören wir von der Einladung der Weisheit.

Die Einladung der Weisheit

Sprüche 9,1-12: *Die Weisheit hat ihr Haus gebaut, hat ihre sieben Säulen ausgehauen. Sie hat ihr Vieh geschlachtet, ihren Wein gemischt und ihre Tafel gedeckt. Sie hat ihre Mägde ausgesandt, sie lädt ein auf den Höhen der Stadt: „Wer unverständig ist, der komme herzu!" Zu den Uneinsichtigen spricht sie: „Kommt her, esst von meinem Brot und trinkt von dem Wein, den ich gemischt habe! Verlasst die Torheit, damit ihr lebt, und wandelt auf dem Weg der Einsicht!" Wer einen Spötter züchtigt, holt sich Beschimpfung, und wer einen Gesetzlosen zurechtweist, der holt sich Schmach. Weise nicht den Spötter zurecht, damit er dich nicht hasst; weise den Weisen zurecht, und er wird dich lieben! Gib dem Weisen, so wird er noch weiser werden; belehre den Gerechten, so wird er noch mehr lernen! Die Furcht des HERRN ist der Anfang der Weisheit, und die Erkenntnis des Heiligen ist Einsicht. Denn durch mich werden deine Tage sich mehren und werden Jahre zu deinem Leben hinzugefügt. Bist du weise, so kommt es dir selbst zugute; bist du aber ein Spötter, so hast du's allein zu tragen.*

Bis hierher wird von der Einladung der Weisheit geschrieben. Nun folgt die Schilderung der dreisten und frechen Einladung der Torheit.

Die Einladung der Torheit

Sprüche 9,13-18: *Frau Torheit ist unbändig, voll Unverstand und erkennt gar nichts; und doch sitzt sie bei der Tür ihres Hauses, auf einem Sessel auf den Höhen der Stadt, um die Vorübergehenden einzuladen, die auf dem richtigen Pfad wandeln: Und sie spricht: „Wer unverständig ist, der komme herzu!" Und zum Uneinsichtigen spricht sie: „Gestohlenes Wasser ist süß, und heimliches Brot schmeckt köstlich!" Er weiß aber nicht, dass die Schatten dort hausen und ihre Gäste in den Tiefen des Totenreiches.*

Eine deutliche und bewegende Sprache! Die Aussagen sind so tiefgehend, dass wir sie gar nicht völlig ausschöpfen können.

Die sieben Säulen der Weisheit

Die Weisheit hat ihr Haus gebaut und sieben Säulen ausgehauen. Diese Siebenzahl erinnert an die Vollkommenheit Gottes. In Jesaja 11,2 ist vom Kommen des Messias die Rede und darin finden wir den siebenfachen Geist des HERRN beschrieben, dessen Entfaltung in siebenfacher Wirkung auch in der Offenbarung an Johannes immer wieder aufgezeigt wird. So lesen wir in Jesaja 11,2 über den Spross aus dem Stumpf Isais: *... und auf Ihm wird ruhen der Geist des HERRN, der Geist der Weisheit und des Verstandes, der Geist des Rats und der Kraft, der Geist der Erkenntnis und der Furcht des HERRN.* Auch hier lesen wir wieder den Schlüsselbegriff der Sprüche: die Gottesfurcht, die Furcht des HERRN! Ohne die Gottesfurcht gibt es keine wahre Erkenntnis und auch kein Leben gemäß Gottes Willen. Die Säulen der Weisheit stehen fest.

Die Weisheit lädt zum Festmahl ein

Dies wird in Sprüche 9 sehr eindrücklich beschrieben: *Die Weisheit hat ihr Vieh geschlachtet, ihren Wein gemischt und ihre Tafel gedeckt.* Es ist auffallend, dass auch das Wirken unseres HERRN Jesus im Johannesevangelium mit einer Hochzeit beginnt (Johannes 2). Wenn der Bräutigam kommt und unter ihnen ist, müssen die Gäste nicht fasten. So dürfen wir auch als Jesu Jünger, wenn Er wiederkommt, am himmlischen Hochzeitsmahl teilnehmen.

Die Weisheit lädt ein. Die Weisheit Gottes ist gemäß Sprüche 8 und Johannes 1 eine Person! Sie ist der Sohn Gottes, Jesus Christus. Er ist es, der einlädt. So finden wir auch im Neuen Testament immer wieder den Ruf Jesu: „Komm! Wer durstig ist (nämlich nach wahrer Erkenntnis, nach wahrem Leben), der komme zu Mir und trinke! Der nehme das Wasser des Lebens umsonst!“ In Jesus Christus findet sich die Fülle aller Weisheit und Erkenntnis. Alle Geheimnisse sind in Ihm verborgen (Kolosser 2). Wir können das wahre Wesen des Menschen und der

Welt nur erkennen, wenn wir in Jesus Christus sind, wenn wir an Seiner Weisheit Anteil bekommen.

Jesu Einladung zum königlichen Hochzeitsmahl

Im Neuen Testament finden wir ausführlich die Einladung Jesu zum königlichen Hochzeitsmahl. Matthäus 22:

Da begann Jesus und redete wieder in Gleichnissen zu ihnen und sprach: Das Reich der Himmel gleicht einem König, der für seinen Sohn das Hochzeitsfest veranstaltete. Der Sohn steht hier für Gottes Sohn, Jesus Christus selbst. *Und er sandte seine Knechte aus, um die Geladenen zur Hochzeit zu rufen; aber sie wollten nicht kommen.* Eine erschreckende Reaktion der Gäste! Bestimmt ist mit dieser abweisenden Haltung zunächst das damalige Israel gemeint, das Jesus leider überwiegend abgelehnt hat (wobei Er natürlich auch in Seinen Erdentagen Anhänger unter den Juden hatte, wie z. B. Seine Jünger). Den Heiden gilt nun dieses Gleichnis Jesu, die ja an den „Hecken und Zäunen" eingeladen werden. Wenn wir als Heidenchristen den HERRN nur namentlich ehren und nicht wirklich lieben, Ihn somit ablehnen, so wird der HERR andere in Sein Werk berufen. Diese Warnung gilt also jedem Gerufenen, nicht nur Israel. Gott wünscht sich, dass wir – ob Juden oder Heiden – Seiner Einladung freudig folgen und Ihm somit das Jawort bei Seiner Hochzeit mit Seiner Gemeinde geben.

Da sandte er nochmals andere Knechte und sprach: Sagt den Geladenen: Siehe, meine Mahlzeit habe ich bereitet; meine Ochsen und das Mastvieh sind geschlachtet, und alles ist bereit; kommt zur Hochzeit! Sie aber achteten nicht darauf, sondern gingen hin, der eine auf seinen Acker, der andere zu seinem Gewerbe; die Übrigen aber ergriffen seine Knechte, misshandelten und töteten sie. Wer sind diese Knechte? Es sind die Propheten im alten Bund - und darüber hinaus alle, die dem HERRN dienen. (Im Gleichnis von den bösen Weingärtnern wird nach den Knechten dann auch der Sohn, Jesus Christus selbst, gesandt und getötet; Lukas 20,9-19) *Als der König das hörte, wurde er zornig, sandte seine Heere aus und brachte diese Mörder um und zündete ihre Stadt an. Dann sprach er zu seinen Knechten: Die Hochzeit ist zwar bereit, aber die Geladenen waren nicht würdig. Darum geht hin an die Kreuzungen der Straßen und ladet zur Hochzeit ein, so viele ihr findet! Und jene Knechte gingen hinaus auf die Straßen und brachten alle zusammen, so viele sie fanden, Böse und Gute, und der Hochzeitssaal wurde voll von Gästen.*

Trägst du ein hochzeitliches Kleid?

Alle diese Gäste sind eingeladen, aber nicht jeder von ihnen hat ein hochzeitliches Kleid an! Das Kapitel erzählt nämlich weiter, dass der König, welcher dann den Hochzeitssaal betrat, einen fand, der kein hochzeitliches Gewand anhatte. Dieser wurde auf den Befehl des Königs hin gebunden und in die Finsternis hinausgeworfen. Das hochzeitliche Gewand ist ein Sinnbild für das Blut des Lammes, welches uns von unseren Sünden reinwäscht. Haben wir diese Reinigung durch das Blut unseres Heilandes Jesus Christus schon gesucht, angenommen und erlebt? Sind wir Seine Kinder? Nicht jeder, der ein Geschöpf Gottes ist, ist auch ein Kind Gottes! Ein Kind Gottes ist nur, wer durch Gottes Geist wiedergeboren ist, das heißt, wer Buße über seine Sünden getan hat, die Vergebung durch Jesu Tod angenommen hat und durch Jesu Auferstehung in einem neuen Leben wandelt.

In Sprüche 9,5 werden Brot und Wein erwähnt. Dies ist bereits ein Hinweis auf das neutestamentliche Abendmahl, auf das Opfer unseres HERRN Jesus im neuen Bund.

Verlasst die Torheit, damit ihr lebt!

In Sprüche 9,6 ff ergeht dann der Aufruf an die Menschen: *Verlasst die Torheit, damit ihr lebt, und wandelt auf dem Weg der Einsicht!* Dieser Appell erfolgt hinsichtlich der Warnung in Sprüche 9,18, dass das Ende der Torheit das Totenreich ist. *„Der Sold der Sünde ist der Tod“*, warnt uns Gott durch den Apostel Paulus im Neuen Testament (Römer 6,23). Torheit ist Sünde, und die Sünde der Torheit führt zu immer weiterer Sünde. Deshalb gehen wahre Christen auch nicht zum Fasching. „Verlasst die Torheit, damit ihr lebt!", lautet der Aufruf der Bibel. Die Weltmenschen jedoch betäuben durch Brot und Spiele, mit Alkohol und Ausgelassenheit ihre Schuld und Gottesferne. Sie suchen ihre Erfüllung fern von wirklicher Freude, wie nur Gott sie schenken kann. Ein Christ dagegen muss sich keine Maske aufsetzen, sondern darf frei vor dem HERRN stehen und wandeln.

Der Narr nimmt keine Ermahnung an

Sprüche 9,7 ff: ***Wer einen Spötter züchtigt, holt sich Beschimpfung, und wer einen Gesetzlosen zurechtweist, der holt sich Schmach. Weise nicht den Spötter zurecht, damit er dich nicht hasst; weise den Weisen zurecht, und er wird dich lieben!*** Alle Menschen sind zu Gott eingeladen und wir dürfen und sollen jedem das Evangelium sagen. Wenn wir aber merken, dass ein Mensch dazu nicht bereit ist und über die heiligen Dinge nur spottet, dann gilt irgendwann die Anweisung Jesu: ***„Wenn euch jemand nicht aufnehmen und eure Rede nicht hören wird, dann geht heraus aus diesem Haus oder dieser Stadt und schüttelt den Staub von euren Füßen"*** (Matthäus 10,14). Wir sollen unsere beschränkte Kraft da einsetzen, wo Menschen bereit sind, das Evangelium zu hören und anzunehmen. Sicherlich können wir einen Menschen eine Zeit lang geistlich begleiten. Ich habe z.B. einen jungen Mann mehrere Jahre lang seelsorgerlich zu begleiten versucht, bis er mir schließlich bekannte, dass er eigentlich dem HERRN gar nicht nachfolgen, vom Alkohol nicht lassen und nicht arbeiten will. Ich konnte ihn dann nur noch Gott anbefehlen, ihm aber nicht mehr helfen.

Weise nicht den Spötter zurecht, damit er dich nicht hasst. Der Spötter wird die Kritik, die der Christ an ihm übt, irgendwann schroff abweisen und ihn hassen, weil der Spötter letztlich will, dass man seinen schlechten Lebenswandel gut heißt und „absegnet". Wenn man einen Spötter ermahnt, kann dies sogar zu ernsten Tätlichkeiten führen. So sollen wir ja auch ***„nicht sitzen, wo die Spötter sitzen"*** (Psalm 1). Es gibt hierbei heilige Grenzen! Man kann einem Menschen das Evangelium ein-, zwei-, dreimal sagen, aber man soll ihn nicht herausfordern bis zum Hass. So sollen wir das Evangelium verkündigen, aber eben nicht *„Perlen vor die Säue werfen"*, so dass man dann selbst von diesen *„zertrampelt"* wird (Matthäus 7,6). Dazu ist unsere Kraft und die heilige Botschaft zu schade!

Der Weise wird den Ermahner lieben

Weise den Weisen zurecht, und er wird dich lieben! Der Weise ist für Korrektur offen! Er nimmt Kritik an, im Gegensatz zum törichten Menschen, der „alles besser weiß"! Wer weise ist, lässt sich etwas sagen und wird nicht aufbrausend und ausfällig, wenn er in Liebe und Deutlichkeit korrigiert wird. Natürlich sollen wir einander mit Liebe ermahnen und nicht mit Brutalität und Besserwisserei. Zurechtweisung im geistlichen Sinne sollte in der Weise geschehen, dass wir uns unter den anderen stellen und bedenken, dass wir alle nur begnadigte Sünder und nicht besser als die anderen sind.

Gib dem Weisen, so wird er noch weiser werden; belehre den Gerechten, so wird er noch mehr lernen! Das ist wunderbar! „Wer hat, dem wird noch gegeben werden!", sagt der HERR Jesus. Wer mit seinen Talenten, seinen anvertrauten Pfunden, nicht arbeitet, *„dem wird auch noch das genommen, was er hat"* (Matthäus 25,29). Wir sollen dem HERRN fruchtbringend dienen und Belehrung annehmen und weitergeben.

Die Furcht des HERRN ist der Anfang der Weisheit, und die Erkenntnis des Heiligen ist Einsicht. Wir sollen einsehen, was wirklich zum ewigen Leben dient. *Denn durch Mich werden deine Tage sich mehren und werden Jahre zu deinem Leben hinzugefügt.* Wer mit dem HERRN wandelt, hat Segen davon!

Der Narr ist hemmungslos, zügellos und sittenlos

Ganz anders ist die Torheit: Sie ist „unbändig", das heißt, sie ist hemmungslos, zügellos, haltlos und sittenlos. Das Treiben der Menschen beim Fasching ist ein dunkles Beispiel dafür! Der Narr hält sich für klug und erkennt in Wirklichkeit gar nichts. Die Toren sind blinde Blindenleiter, die von der Torheit getrieben werden: Politiker ohne Gott, Wirtschaftler ohne Gehorsam gegenüber Gottes Ordnungen, Theologen ohne „Theos" (zu deutsch: „ohne Gott"), die dann bloße Philosophen oder Sozialwissenschaftler sind. Es ist eine Tragik, wenn ein Mensch, der gar nicht biblisch an Gott glaubt, einen geistlichen Beruf ausübt. Solche blinden Blindenleiter erkennen wahrhaftig gar nichts und verführen andere zu dem gleichen gottlosen Standpunkt, den sie innehaben.

Und doch tut sich die Torheit groß ...

Sie sitzt nicht irgendwo ganz bescheiden und versteckt in der Ecke, sondern sie sitzt bei der Tür ihres Hauses ganz offen und für alle sichtbar auf einem Sessel auf den Höhen der Stadt, also herausfordernd, provokativ und marktschreierisch. Die Toren tun wie die Marktschreier ihre Torheit kund, so zum Beispiel auch durch die Massenmedien, mittels deren eine Flut von Verführung in Form von Desinformation, Grausamkeit, Unzucht und dergleichen sich über die Menschen ergießt.

Wir Christen sollten aber auch unseren Mund aufmachen! Darin sind wir oft zu zaghaft. Wir sollten, wie gesagt, auch auf die Straßen gehen und die Menschen zu erreichen suchen, die wie die verlorenen Schafe in ihr Verderben laufen.

Wie die Torheit sogar Kirchen unterwandert ...

Es ist schrecklich, in unsrem Text zu lesen, dass die Torheit auf den Höhen der Stadt sitzt, um die Vorübergehenden einzuladen, die auf dem richtigen Pfad wandeln! Hier handelt es sich um Verführung! Die, welche für das Evangelium offen wären, werden von der Torheit vom schmalen Weg des ewigen Lebens auf den breiten Weg des Verderbens gelockt und verführt. Dies geschieht heute leider auch innerhalb von Kirchen und christlichen Kreisen! Die Gefahr der Verführung in diesen Gruppierungen ist noch größer, weil kaum jemand damit rechnet, innerhalb christlichen Umtriebs verführt zu werden, da hier doch die Bibel verkündigt wird. Die Bibelkritik aber, die heute in der Kirche gang und gäbe ist, hat soviel Glaubensgrundlage in unserem Land zerstört, dass bereits seit Jahrhunderten der Unglaube, der Nihilismus (es gibt keine Wahrheit), der Agnostizismus (es gibt nur, was man sieht) und der Atheismus (es gibt keinen Gott) inmitten von Kirchengebäuden und Freikirchen regieren!

Dies ist Gott sei Dank nicht flächendeckend so. Es existieren immer wieder rühmliche Ausnahmen, wo das Wort Gottes noch unverkürzt, unverfälscht und ohne Glaubenszweifel verkündet wird, in dem Vertrauen darauf, dass Gott alles ausführt, was Er verheißen hat. Aber an vielen Universitäten, - ich habe ja selbst Theologie studiert – wird der Glaube systematisch zerstört! Das, was verächtlich als „Kinderglaube" bezeichnet wird, soll einer rationalen Erkenntnis weichen.

Aber die Voraussetzungen der historisch-kritischen Theologie sind atheistisch (gottlos): Man kann und will zum Beispiel nicht glauben, dass Gott wirklich Wunder tut und dass es echte Zukunftsprophetie gibt, die sich nach und nach erfüllt. Auch dass Gott Tote erwecken kann, wird angezweifelt und umgedeutet. Sicherlich finden sich manche Theologen, die gläubig sind, aber viele von diesen machen ebenfalls Abstriche an „unbequemen" (nicht zeitgeist-konformen) biblischen Aussagen. Die historisch-kritische Methode in der Theologie führt somit zu einem verkürzten und dadurch verfälschten Bibelverständnis.

Die Verführungskraft der Torheit

Die Torheit benutzt interessanterweise die gleichen Worte wie die Weisheit. Auch die Torheit ruft: ***„Wer unverständig ist, der komme herzu!"*** In Sprüche 9, 4 ruft dies die Weisheit und in Sprüche 9,16 die Torheit. Auch die Torheit fordert zum Lernen auf. Nur lernt man bei der Torheit genau das Gegenteil der

Weisheit: *... zum Uneinsichtigen spricht sie* (nun folgen konkrete Beispiele für die Verführung der Torheit): *„Gestohlenes Wasser ist süß, und heimliches Brot schmeckt köstlich!“ Er weiß aber nicht, dass die Schatten dort hausen und ihre Gäste in den Tiefen des Totenreiches.* Die Torheit verführt zu Diebstahl, Heimlichkeit, Verbergung und Zerstörung der Wahrheit. Die Sprüche geben uns dazu konkrete Beispiele.

Die Verführung zum Ehebruch

Besonders der Ehebruch und sein Ablauf wird ausführlich beschrieben. Meist geschieht er heimlich bei Nacht. In Sprüche 7 wird dies genau aufgezeigt: Die Frau verführt den Lüstling mit glatten Worten: *„Mein Ehemann ist auf Reisen, komm, wir machen es uns bequem.“ Gestohlenes Wasser ist süß:* So scheinbar auch die gestohlene Ehefrau im Ehebruch! Ehebruch ist wie jede Form von Hurerei ein *„Eingang zum Totenreich“*, heißt es weiter in Sprüche 7,27. Im Alten Bund stand die Steinigung darauf. Die erbitterte Rache des betrogenen Ehemannes wird in Sprüche 6,32 ff. ausführlich beschrieben. „Ein kurzer Genuss mit ewigem Verdruss“, könnte man als Merkvers dazu dichten.

Nach diesem Motto leben auch heute viele Menschen: Lustbetont, ohne die Konsequenzen ihres Handelns zu bedenken. Nach der Sünde kommt dann das schlechte Gewissen, das schale und eklige Gefühl und die Angst vor der ewigen Verdammnis. Wir dürfen die Gnade Gottes nicht als billig nehmen. Sie ist keine Billigware, sondern teuer erkauft durch den Tod Jesu Christi. Wir sollen Gott bitten, uns Kraft zu geben, der Sünde zu widerstehen und im Gehorsam zu wandeln. Wir dürfen um die Vergebung wissen und darum bitten, Gott sei Dank. Kein Christ wird immer sündlos leben (das wäre eine Irrlehre), aber wir sollen mit der Kraft des Heiligen Geistes rechnen, Gott um Stärkung, Heiligung und Reinigung bitten und danach trachten, aus Seiner Kraft heilig zu leben.

Soweit eine kurze Auslegung zu Sprüche 9: Ruf der Weisheit und Ruf der Torheit. Nun möchte ich einzelne Beispiele von weisem und törichtem Wesen aus der Vielfalt der Sprüche näher erläutern.

Der Weise verbirgt sein Wissen

Sprüche 12,23: *Ein kluger Mensch verbirgt sein Wissen, aber das Herz der Narren schreit die Torheit heraus.*

Man muss im Umgang mit Menschen nicht immer gleich kund tun, was man alles weiß; was man zum Beispiel alles studiert und wie viele Abschlüsse man hat. Dies gilt natürlich nicht nur für Akademiker. Auch als Handwerker kann man sich brüsten: „Ich bin der beste Schreiner der Stadt" usw. Sogar, wenn das Eigenlob stimmen sollte, „stinkt" es! Wie wirkt denn ein solches Brüsten auf andere? Es erweckt in ihnen meist nichts anderes als Neid, Eifersucht, Gefühle der Minderwertigkeit – und so müssen wir wissen, dass wir mit unserem Prahlen andere belasten. Die Prahlerei befleckt uns selbst und sie ist ja zumeist auch übertrieben. Kein Mensch ist in seinem Fach stets der beste von allen. Letztlich ist nur Gott selbst der Beste in allem! Man schaue das Wunder der Schöpfung an, das alle Menschenkunst und Menschenfertigkeit in Handwerk und Denken weit übertrifft! Jeder Mensch, der sich für den Besten in irgendetwas hält, kann schnell gestürzt werden und von „seinem Podest" herunterfallen. In den alpinen Meisterschaften zum Beispiel, wie in allen anderen sportlichen Wettkämpfen, behält selten ein Mensch über Jahre die Meisterschaft. Immer wieder gewinnt ein anderer die Goldmedaille. So muss man auch als Sportler wissen, wann man abzutreten hat.

Ein kluger Mensch verbirgt sein Wissen. Er prahlt nicht damit, er schreit es nicht heraus – auch wenn er vielleicht wirklich viel weiß. So lesen wir in 1. Korinther 13, dass alle Erkenntnis ohne die Liebe nichts nütze ist. Wer keine Liebe hat, den wird seine Erkenntnis nicht retten. *(Die Erkenntnis bläht auf; aber die Liebe baut auf!* 1. Korinther 8,1) Wissen bläht den Menschen auf, wie ein Ballon, der irgendwann platzt.

Der Narr schreit seine Torheit heraus: „Ich bin der Größte, der Beste, der Stärkste, der Schnellste, der Schönste bzw. die Schönste …“ Manche Frauen rühmen sich mehr des Haushaltens – wer ist die beste Hausfrau?! Wir spüren, wie peinlich ein solches Rühmen ist. Ein Tor bemerkt die Peinlichkeit seiner Rede gar nicht. Er ist des Lobes über sich voll und ist sich gar nicht bewusst, dass die anderen ihn eigentlich – oft hinterrücks – auslachen. Daher der gute Rat - auch aus Erfahrung: Sein Wissen ein bisschen für sich behalten! Wir dürfen mit unserem Wissen dienen, helfen und arbeiten – z.B. wenn wir etwas gefragt werden, aber nicht damit prahlen. So heißt es mehrfach in der Bibel: ***„Wer sich rühmen will, der rühme sich des HERRN!“*** Oder: ***„Der rühme sich seiner Schwachheit!“*** Denn alles ist ja Geschenk Gottes: Unsere Gaben, unser Wissen, unsere Kraft, unsere Gesundheit und unser Erfolg. Werden wir zum Beispiel krank, so bemerken wir schnell, wie sehr wir auf Gott angewiesen und wie abhängig wir von Seiner Hilfe in allem sind.

Weisheit wirkt auferbauend

Sprüche 14,1: *Die Weisheit der Frauen baut ihr Haus, die Torheit reißt es ein mit eigenen Händen.* Durch Weisheit, durch gutes Wirtschaften, wozu auch die Frau beiträgt, wird ein Hausstand aufgebaut. Natürlich trägt der Mann auch dazu bei, aber hier wird die Frau genannt. Die Rolle der Frau hat in den Sprüchen übrigens eine ganz große Bedeutung. … die Torheit reißt es ein mit eigenen Händen: Verschwendungssucht, Stolz, schlechtes Wirtschaften und kein Vertrauen in das Versorgen des HERRN führen irgendwann zum Ruin.

Hüte dich vor dem Narren!

Sprüche 17,12: *Besser, es trifft jemand eine Bärin an, die ihrer Jungen beraubt ist, als einen Narren in seiner Torheit!* Lieb und schmusig ist eine Bärin nicht, die ihrer Jungen beraubt ist, sondern zornig und außer sich vor Wut. Ein Narr in seiner Torheit ist noch schlimmer. Er rast noch mehr als die erwähnte Bärin. Er ist ein Mensch, der keinen Halt hat, der sich nicht zusammennehmen kann. Er wird aggressiv und aufbrausend, ausfahrend und ausfällig, wild und schreiend, schon bei geringen Anlässen. Um so jemanden macht man besser einen Bogen, vor allem, wenn dann noch Alkohol mit im Spiel ist. Der Alkoholgenuss wird in den Sprüchen oft kritisch erwähnt. Einem Betrunkenen zu begegnen, vor allem ihm zu widersprechen, kann direkt lebensgefährlich werden. Auch Kinder muss man davor warnen, sich betrunkenen Menschen zu nähern. Betrunkene können hemmungslos zuschlagen, wenn sie sich in ihrer Gereiztheit gehen lassen. Gerade der Alkoholismus verstärkt die Narrheit wesentlich und fördert die Sünde.

Der Weise ist ein guter Zuhörer

Sprüche 18,13: *Wer antwortet, bevor er gehört hat, dem ist es Torheit und Schande.*

Wie könnte dies zu verstehen sein? Nun, wir halten uns ja oft für so klug. Oft wissen wir angeblich schon längst, was der andere sagen will, bevor dieser überhaupt auch nur annähernd ausgeredet hat. Oder wir meinen, die Antwort zu kennen, bevor der andere ausgesprochen hat. Nun gibt es natürlich Menschen, die sehr weitschweifig sind. So bin ich oft in der Gefahr, vorschnell dazwischen zu reden, weil ich sehr wenig Zeit habe, gerade weil mich sehr viele Leute anrufen. So muss ich mich in aller Korrespondenz sehr kurz fassen. Aber wir sollten es alle lernen, gut zuzuhören. Denn nur dann können wir wirklich verstehen, was der andere meint. Oft musste ich erleben, dass ich mit meiner vorschnellen Antwort eben nicht ins Schwarze traf und am anderen vorbeiredete. Dann muss man sich bremsen und richtig zuhören. Redender wie Hörer müssen barmherzig miteinander umgehen. Der, der redet, muss seine Redezeit kontrollieren, und der Hörer muss sich bremsen, dazwischen zu reden.

Wir sollten auch darauf achten, dass wir uns so ausdrücken, dass der Andere uns versteht. Kommunikation ist nicht immer einfach. Besonders beim engen Zusammenleben, zum Beispiel in der Ehe, ist es sehr wichtig, sich zu vergewissern, dass man die Botschaft des Gegenübers wirklich verstanden hat. Notfalls sollte man zurückfragen, bevor man einen falschen Eindruck vom anderen beibehält. Dies gilt auch für das Berufsleben: Lieber noch einmal nachfragen, als die Arbeit falsch zu verrichten und Zeit und Material raubende Fehler zu begehen.

Immer wieder ist das Zuhören ganz wichtig und wesentlich. So steht in Jakobus 1, 19: *Darum, meine geliebten Brüder, sei jeder Mensch schnell zum Hören, langsam zum Reden, langsam zum Zorn.* Wir sollen schnell zuhören und warten, bis der andere ausgesprochen hat. Dann sollen wir mit Bedacht antworten. Erst überlegen, dann reden! Ich besuchte einmal eine schwierige Sitzung, in welcher mir klar wurde, dass ich - bildlich gesprochen - einen Kieselstein unter meine Zunge legen musste. Die Sitzung dauerte sechs Stunden. Man wollte mich in die Enge treiben und ich musste bei jeder Frage betend überlegen, was ich antworte. In solchen Situationen lernt man betend zu überlegen, bevor man spricht.

Kinder vor der Torheit bewahren

Sprüche 22,15: *Torheit steckt dem Knaben im Herzen, aber die Rute der Zucht wird sie ihm austreiben.* Darf man so einen Satz überhaupt noch öffentlich sagen? Er ist ja ein Bibelzitat und Gott sei Dank darf man die Bibel in Deutschland noch zitieren. Dennoch muss ich heutzutage vorsichtig sein, was ich in Bezug auf Zucht und Rute sage.

Folgendes möchte ich hierzu anmerken: Eine buchstäbliche Rute haben meine Frau und ich in der Erziehung noch nie gebraucht, aber es ist gut, Kinder auf die Weise, die Gott einem zeigt, zu erziehen. Die brutale Bestrafung mit einem Stock ist nicht nötig auch nicht angemessen. Aber die Kinder müssen wissen, dass sie eine Strafe erhalten, wenn sie klare und gute

Grenzen überschreiten, ob man sie nun in die Ecke stellt, ihnen eine Zeit lang etwas vorenthält (z. B. den Nachtisch, das Geschenk, den Ausflug) oder ähnliches.

Wir sind als christliche Eltern ganz klar gegen jede Kindesmisshandlung und stimmen somit den Gesetzen zu, die verbieten, dass Kinder geschädigt werden. Aber wenn man Kinder überhaupt nicht mehr erzieht, dann wird dies ein großer Schaden für die Familie, die Gesellschaft und für die Kinder selbst sein. Unerzogene Kinder werden keinen Halt im Leben haben; sie werden nicht mehr wissen, wo rechts und links ist; sie werden keine Grenzen kennen und es später im Leben sehr schwer haben! Ihre Haltlosigkeit kann sie als Jugendliche dann in Süchte in Form von Drogen, Alkohol und Nikotin führen, wie sie heute ja auf dem Schulhof schon angeboten werden, und in die Kriminalität. Wenn Kinder hingegen ihre Grenzen kennen und gelernt haben, richtig von falsch zu unterscheiden und recht zu tun, werden sie auch die Kraft besitzen, zu bösen Wegen „nein“ zu sagen und den Versuchungen zu widerstehen.

Die Torheit steckt schon dem kleinen Kind, dem Knaben wie auch dem Mädchen, im Herzen. Schon die Babys versuchen, ihren Willen durchzusetzen. Dieses Verhalten bestätigt die Erbsünde, dass wir nämlich – durch die Sünde von Adam und Eva – nach Psalm 51 schon in „Sünden empfangen“ und dann auch in Sünden geboren sind. Eine gute Kindererziehung - sie ist in den Sprüchen immer wieder ein Thema -, die die „Rute“ nicht schont, das heißt, die die korrigierende Erziehung nicht zurückhält, wird den Kindern, der Familie und der Gesellschaft zum Segen sein. Sie wird den Kindern die „Torheit austreiben“ und sie zu geliebten, liebevollen und geradlinigen Menschen heranwachsen lassen. Zur guten Erziehung gehören natürlich außer der „Rute“ vor allem auch Warmherzigkeit, Verständnis und liebevoller Umgang mit den Kindern, sowie die Förderung ihrer Fähigkeiten.

Wie ein Tor weise werden kann

Sprüche 26,3: *Dem Pferd eine Geißel, dem Esel einen Zaum, und dem Narren eine Rute auf den Rücken!* Auch dieser Spruch soll zum Guten dienen. Der Esel braucht einen Zaum, damit er nicht unbändig wird. Das Pferd benötigt eine Geißel, wie man vom Dressurreiten weiß. Ein undressiertes Pferd kann man nicht reiten und es wäre somit zu nichts nütze. So muss auch der Mensch eine liebevolle Dressur erfahren, damit er seine Grenzen klar erkennt und lernt, in den guten Ordnungen Gottes zu leben.

Wie der Weise dem Toren antwortet

Sprüche 26,4-5: *Antworte dem Narren nicht nach seiner Narrheit, damit nicht auch du ihm gleich wirst; antworte aber dem*

Narren nach seiner Narrheit, damit er sich nicht für weise hält. Über diesen Spruch habe ich lange gerätselt, denn er scheint zunächst widersprüchlich zu sein und fordert zum Denken heraus. Aber bei genauerem Überlegen findet sich hier kein Gegensatz. Gottes Wort widerspricht sich nicht. Ich verstehe diesen Spruch folgendermaßen: ***Antworte dem Narren nicht nach seiner Narrheit, damit nicht auch du ihm gleich wirst.*** Dies heißt, dass wir dem Narren keine närrische Antwort geben sollen, sondern eine kluge Antwort, die von der Weisheit geprägt ist. Klugheit und Weisheit sind sich übrigens ähnlich, wobei die Klugheit sich mehr auf das bezieht, was wir gelernt haben, während die Weisheit von Gott geschenkt ist und über die angelernte Klugheit hinausgeht. So möchte ich die Weisheit als absolute Steigerung der Klugheit verstehen. Die Weisheit ist von Gottes Geist geprägt und wir können nur durch den Heiligen Geist in ihr wandeln. Wir sollen also dem Narren nicht nach seiner Narrheit antworten, denn sonst würden wir genauso närrisch reden wie er. Wir sollen einen besseren Weg als er gehen und ihn mit göttlicher Weisheit korrigieren, damit wir ihm nicht gleich werden.

...antworte aber dem Narren nach seiner Narrheit, damit er sich nicht für weise hält. Darunter verstehe ich, dass wir den Narren korrigieren sollen. „Nach seiner Narrheit" heißt, dass wir auf seine Narrheit eingehen und ihm klar sagen sollen: „Was du da machst (sagst, denkst, etc.), ist falsch!" Wir sollen also versuchen, den Narren durch eine weise Antwort von seiner Narrheit aufzurütteln und auf den richtigen Weg zu bringen.

Verlass dich nicht auf einen Narren!

Sprüche 26,6: *Es haut sich die Füße ab und muss Ärger schlucken, wer seine Angelegenheiten durch einen Narren besorgen lässt.* Man stelle sich vor, man schickt jemand los mit einem Auftrag, der für ihn eine Nummer zu groß ist. Man würde sich damit ins eigene Fleisch schneiden. Es haut sich die Füße ab, das heißt man schadet sich selbst, wenn man nicht rechtzeitig einsieht, dass einer für die ihm aufgetragene Arbeit nicht geeignet ist (Man hätte gleich selbst gehen können!) ... und muss Ärger schlucken: Der Verdruss ist groß, wenn man schließlich merkt, dass der Narr mit dem Auftrag überfordert war.

Weise reden und töricht leben?

Sprüche 26,7: ***Die Beine des Lahmen hängen schlaff herunter; so ist ein weiser Spruch im Mund der Toren.*** Ein lahmer Mensch hat Beine, aber er kann sie nicht benutzen. So verhält es sich auch mit dem Toren: Er hat vielleicht einmal irgendwo einen weisen Spruch „aufgegabelt". Vielleicht zitiert er sogar die Bibel. - Gibt es doch kein weiseres Buch als die Bibel! - Aber der Tor zitiert nicht im Zusammenhang. ***„Du sollst nicht sitzen, wo die Spötter sitzen!"***, sagt uns Gottes Wort in Psalm 1. Wenn ein törichter Mensch einen weisen Spruch von sich gibt, dann staunt man vielleicht. Aber sein nächster Satz ist schon wieder töricht. So besitzt das weise Wort aus dem Munde des Toren keine Kraft. Der Tor müsste sich erst verändern lassen und sein Leben unter Gottes Führung und Weisheit stellen, damit sein ganzes Wesen in den Rahmen der Weisheit eingebunden ist. Der Lebenszusammenhang des Narren gibt nicht das her, was der weise Spruch verheißt, den er im Munde trägt. Er zitiert nur und lebt nicht nach seinem Zitat! Der weise Spruch wirkt wie ein Fremdkörper im Munde des Narren (des Toren, des Gottlosen), weil er nicht wirklich weise ist, sondern nur weise daherredet - in scharfem Kontrast zu seiner tatsächlichen Narrheit (Gottlosigkeit), die sein Lebenswandel offenbart.

Hier müssen wir uns auch selbst prüfen: Ich predige von der Kanzel über Weisheit. Wenn ich dann hinterher bei Tisch den größten Unsinn reden würde, würden mich meine Hörer wohl kaum mehr ernst nehmen. So müssen wir alle wachsam sein, dass wir nicht selbst das abreißen, was wir aufgebaut haben, und durch unser Leben das durchstreichen, was unser Mund sagt. Der Apostel Paulus betont, dass er nicht anderen predigen und selbst verwerflich werden möchte (vgl. 1. Korinther 9,27). Wir sind keine Supermenschen oder Superchristen, auch ich nicht. Wir sind begnadigte Sünder. Und doch sollen wir den HERRN um Weisheit bitten, dass wir nicht zu Toren werden. Unser Leben darf nicht widersprüchlich sein. Die Beine des Lahmen hängen schlaff herunter; so ist ein weiser Spruch im Mund der Toren. Der weise Spruch überzeugt nicht. Er hat keine Kraft. So sollte es nicht sein, sondern der Zusammenhang zwischen unserem Leben und unserem Reden sollte stimmen. Ich sage dies nicht als Gesetz, sondern als Evangelium: Wenn wir in der Kraft des HERRN leben, wenn Christus in uns wohnt, dann können wir Ihm nachfolgen und dienen und unser Herz und unsere Zunge werden eine positive Einheit sein.

Erweise einem Narren keine Ehre!

Sprüche 26,8: *Wie wenn man einen Stein in der Schleuder festbindet, so ist's, wenn man einem Toren Ehre erweist.* Es ist vergebliche Mühe, einen Toren zu ehren! Stellen wir uns vor, wir hätten eine Schleuder und einen Stein. Der Stein muss natürlich fliegen können und darf daher nicht festgebunden sein. Einen Toren zu ehren ist, wie wenn man eine Schleuder hat, die man nicht benutzen kann.

Der Tor sollte sich bekehren

Sprüche 26,9: *Ein Dorn geriet in die Hand eines Trunkenen und ein Spruch in den Mund der Toren.* Ein Dorn in der Hand eines Betrunkenen ist kein angenehmes Bild. Der Betrunkene wird wahrscheinlich fluchen und schimpfen. Genauso hat ein Weisheitsspruch nichts im Munde eines Toren verloren. Der Tor muss sich erst bekehren. Er muss zu Gott umkehren und ein Kind Gottes werden. Dann kann er auch Gottes Wort im Munde führen.

Nimm keinen Narren in Dienst!

Sprüche 26,10: *Ein Schütze, der alle verwundet, so ist, wer einen Toren und Dahergelaufene in Lohn nimmt.* Manchmal

habe ich Angst, ob mich im Wald – besonders in der Dämmerung – ein Jäger von einem Reh zu unterscheiden vermag. Solche Unfälle sind schon vorgekommen. Das Bild passt auch auf einen Amokläufer. Ein Amokläufer ist ein Schütze, der wild um sich schießt und alle verwundet, die ihm vor die Schusswaffe kommen. So ist ein Lohnherr, der einen Toren in Dienst nimmt. Er zerstört damit selbst sein eigenes Anwesen, anstatt es zu fördern. Daher muss man bei Einstellungsgesprächen, wenn man einen eigenen Betrieb hat, prüfen, wen man einstellt. Taugt dieser Mensch etwas in dem Betrieb oder macht er mehr kaputt als ganz? Natürlich soll man Geduld haben, jemanden fördern oder ihm eine Chance geben. Aber wenn man bemerkt, dass er seine Arbeit auf die Dauer einfach nicht gut bewältigt, muss man sich um des Betriebes willen von ihm trennen. Ein Schütze, der alle verwundet, so ist, wer einen Toren und Dahergelaufene in Lohn nimmt. Dahergelaufene sind Menschen, die man gar nicht kennt und unbesehen übernimmt. Wer dies tut, ist töricht und geht nicht verantwortungsvoll mit dem Betrieb und seinen Mitarbeitern um.

Der Narr sollte von seiner Narrheit lassen!

Sprüche 26,11: *Wie ein Hund, der zu seinem Gespei zurückkehrt, so ist ein Narr, der seine Dummheit wiederholt.* Früher gab es den Spruch über einen Dummen: „Dumm geboren, nichts dazugelernt und das wenige vergessen." Vom Hund ist beobachtet worden, dass er das Erbrochene wieder frisst. Dieses Bild wird im Neuen Testament im 2. Petrusbrief entfaltet. Es geht dabei um Menschen, die einmal Erkenntnis des HERRN hatten und dann wieder in die Welt zurückgefallen sind. Mit diesen, so sagt die Bibel, wird es dann schlimmer, als sie vor ihrer Bekehrung waren. Darüber lesen wir in 2. Petrus 2,20 ff: *Denn wenn sie durch die Erkenntnis des HERRN und Retters Jesus Christus den Befleckungen der Welt entflohen sind, aber wieder darin verstrickt und überwunden werden, so ist der letzte Zustand für sie schlimmer als der erste. Denn es wäre für sie besser, dass sie den Weg der Gerechtigkeit nie erkannt hätten, als dass sie, nachdem sie ihn erkannt haben, wieder umkehren, hinweg von dem ihnen überlieferten heiligen Gebot. Doch es ist ihnen ergangen nach dem wahren Sprichwort: „Der Hund kehrt wieder um zu dem, was er erbrochen hat, und die gewaschene Sau zum Wälzen im Schlamm."*

Warnung vor einem Rückfall im Glaubensleben

Dies ist sehr ernst und sehr traurig. Es geht hier um den Rückfall im Glaubensleben, nämlich vom Glaubensleben wieder ins Weltleben. Diesen Rückfall gibt es nach dieser Textstelle tatsächlich. Vor diesem Rückfall war die Erkenntnis des HERRN im Leben dieses Menschen schon da, so auch die Gemeinschaft mit dem HERRN, wenn man die Textstelle vom biblischen Gesamtzusammenhang her versteht. Wenn jemand, der schon viele Segnungen durch den HERRN erfahren hat, wie Vergebung der Schuld, neues Leben, Frieden mit Gott, Freude und Hoffnung auf die himmlische Herrlichkeit, wenn dieser dann das alles für nichts mehr erachtet und wieder zurückgeht in die Vergnügungen der Welt (zu Fasching, Ehebruch, Alkoholismus, Diebstahl, Betrug und Lüge), so ist es mit ihm dann schlimmer als vor seiner Bekehrung.

Der HERR kann auch diesem Menschen noch Gnade schenken, aber wir dürfen mit der Gefahr des Rückfalls nicht spaßen! ***„Irret euch nicht, Gott lässt sich nicht spotten!“***, lesen wir in Galater 6. ***„Denn was der Mensch sät, das wird er ernten.“*** Seelsorgerlich ist zu sagen: Wenn jemand befürchtet, die Sünde gegen den Heiligen Geist begangen zu haben, es ihm aber eine Gewissensnot ist, dann gibt es für ihn Hoffnung, dann hat er diese Sünde sicherlich nicht begangen, für die es keine Umkehr und Vergebung mehr gibt. Wenn nämlich das Gewissen im Menschen noch schlägt, kann er den HERRN noch suchen und wieder zu Vergebung und Heilsfreude im HERRN gelangen.

Möge der HERR uns gnädig sein, dass wir in Seiner Weisheit wandeln, dass Er uns immer mehr von allem törichten Wesen reinigt. Leider ist in uns immer noch Torheit, solange wir auf Erden leben und im Fleische angefochten werden. Aber möge Gott durch Seine Weisheit in uns regieren, in uns die Oberhand behalten und uns jeden Tag Seinen Sieg schenken. Amen.

Wir beten: *HERR Jesus, in Dir ist alle Weisheit verborgen und Du hast sie uns enthüllt in Deinem Wort. Lass uns darin lernen und weise werden, Tag für Tag neu, indem wir Dein Wort begierig lesen und darin wachsen. Nimm von uns weg, was töricht ist, was sündig ist, was nicht von Dir ist. Reinige uns und verwandle uns immer mehr in Dein Bild. Bewahre uns an Geist, Seele und Leib in Dir, HERR Jesus Christus. Wir danken Dir für Deine Liebe. In Deinem Namen, HERR Jesus, Amen.*

Hochmut und Demut

Sprüche 16,18: Stolz kommt vor dem Zusammenbruch und Hochmut kommt vor dem Fall.

Sprüche 18,12: Vor dem Zusammenbruch wird das Herz des Menschen hochmütig, aber vor der Ehre kommt die Demut.

Sprüche 29,23: Der Hochmut des Menschen erniedrigt ihn, aber ein Demütiger erlangt Ehre.

Sprüche 11,2: Auf Übermut folgt Schande, bei den Demütigen aber ist Weisheit.

Sprüche 16,19: Besser bescheiden sein mit den Demütigen, als Beute teilen mit den Stolzen.

Sprüche 22,4: Der Lohn der Demut und der Furcht des HERRN ist Reichtum, Ehre und Leben.

Demut ist das Kennzeichen Jesu Christi

Demut heißt „Diene-Mut", Mut zum Dienen, und Hochmut heißt „Stolz"! Dies ist der Gegensatz!

Demut ist das Kennzeichen Jesu Christi: Unser Herr Jesus war der demütigste Mensch auf Erden. Er ist nicht auf einem Pferd, sondern auf einem Esel in Jerusalem eingeritten. Er kam nicht als Eroberer zu uns, sondern als Retter. In Matthäus 11, 28 ff sagt der Herr Jesus von sich: *Kommt her zu Mir, alle, die ihr mühselig und beladen seid; Ich will euch erquicken. Nehmt auf euch Mein Joch und lernt von Mir; denn Ich bin sanftmütig und von Herzen demütig; so werdet ihr Ruhe finden für eure Seelen. Denn Mein Joch ist sanft, und Meine Last ist leicht.* Sanftmut und Demut sind die Kennzeichen Jesu Christi.

Hochmut ist das Kennzeichen des Teufels

Hochmut dagegen ist das Kennzeichen des Teufels. Darüber lesen wir in Hesekiel 28. Es handelt sich darin um die Weissagung über den Fürsten von Tyrus. In dieser Weissagung ist der Engelfall enthalten, welcher auch im Judasbrief und im 2. Petrusbrief, Kapitel 2 beschrieben ist. In Hesekiel 28,13-17 steht zu lesen:

In Eden, im Garten Gottes warst du; mit allerlei Edelsteinen warst du bedeckt: mit Sardis, Topas, Diamant, Chrysolith, Onyx, Jaspis, Saphir, Karfunkel, Smaragd und mit Gold. Deine kunstvoll hergestellten Tamburine und Flöten waren bei dir; am Tag deiner Erschaffung wurden sie bereitet. Du warst ein gesalbter, schützender Cherub, ja, Ich hatte dich dazu eingesetzt; du warst auf dem heiligen Berg Gottes, und du wandeltest mitten unter den feurigen Steinen. Du warst vollkommen in deinen Wegen vom Tag deiner Erschaffung an, bis Sünde in dir gefunden wurde. Durch deine vielen Handelsgeschäfte ist dein Inneres mit Frevel erfüllt worden, und du hast gesündigt. Darum habe Ich dich von dem Berg Gottes verstoßen und dich, du schützender Cherub, aus der Mitte der feurigen Steine vertilgt. Dein Herz hat sich überhoben wegen deiner Schönheit; du hast deine Weisheit um deines Glanzes willen verderbt. So habe Ich dich auf die Erde geworfen und dich vor den Königen zum Schauspiel gemacht.

Diese Rede gilt dem König von Tyrus, wird aber auch auf die Engelwelt bezogen und somit auf den Teufel, der lateinisch „Luzifer (Lichtträger)“ genannt wird, was seiner früheren Position entspricht. Heute verstellt er sich nur noch als „Engel des Lichts“, will die Menschen aber in die Finsternis, in die Gottesferne führen. Der König von Tyrus war nicht im Garten Eden, wohl aber der Teufel, welcher in Gestalt der Schlange auf die ersten Menschen, zuerst auf Eva, zukam. So beschreibt die obige Bibelstelle den Sturz des einstigen Lichtträgers zum Durcheinanderbringer (Diabolos).

Demut also ist das Kennzeichen Jesu Christi – und Hochmut das Kennzeichen des Teufels.

Der Weise achtet den anderen höher als sich selbst

Der Demütige achtet den anderen höher als sich selbst. Dies ist ein wichtiges Kennzeichen! Ein hochmütiger Mensch dagegen ist immer sich selbst der Nächste. Da herrschen Egoismus und Verachtung anderer. Betrachten wir hierzu Philipper 2,5 ff:

Denn ihr sollt so gesinnt sein, wie es Christus Jesus auch war, der, als Er in der Gestalt Gottes war, es nicht wie einen Raub festhielt, Gott gleich zu sein; sondern Er entäußerte sich selbst, nahm die Gestalt eines Knechtes an und wurde wie die Menschen; und in Seiner äußeren Erscheinung als ein Mensch erfunden, erniedrigte Er Sich Selbst und wurde gehorsam bis zum Tod, ja bis zum Tod am Kreuz. Nun aber folgt Jesu Christi Erhöhung: *Darum hat Ihn Gott auch über alle Maßen erhöht und Ihm einen Namen verliehen, der über allen Namen ist, damit in dem Namen Jesu sich alle Knie derer beugen, die im Himmel und auf Erden und unter der Erde sind, und alle Zungen bekennen, dass Jesus Christus der HERR ist, zur Ehre Gottes des Vaters.*

Wen Gott demütigt, den wird Er auch erhöhen. Die Voraussetzung ist, dass man sich unter Gottes Demütigung beugt. Der Teufel hat gegen seinen Stand rebelliert. Wir sollen den Stand, in den Gott uns versetzt hat und versetzen wird, annehmen. Einer achte den anderen höher als sich selbst, ist ein wesentliches Kennzeichen der Demut!

Der Weise liebt und lobt den HERRN über alles

Der demütige Mensch liebt und lobt den HERRN über alles. Der hochmütige Mensch dagegen lobt und liebt sich selbst. Er betreibt Selbstvergottung. Der Teufel wollte werden wie Gott, er wollte den ersten Platz einnehmen. Er hatte so viele Gaben bekommen, war ein strahlender Cherub. Aber er hat sich selbst zu sehr gefallen und seine Gaben und seine Stellung veruntreut.

Sprüche 16,18: ***Stolz kommt vor dem Zusammenbruch, und Hochmut kommt vor dem Fall.*** Es gibt ein Buch von William Mac Donald mit dem Titel: „Zerbrich mich, HERR". Es ist ein segensreiches Buch, das ich in Zeiten gelesen habe, als auch ich Zerbruch erleben musste, vielleicht auch erleben durfte! Segensreich ist Zerbruch dann, wenn wir ihn vom HERRN annehmen und uns dann von Ihm neu leiten lassen.

In der Bibel finden wir das Beispiel von König Nebukadnezar, der von sich sagte, dass ihm alle Reiche der Welt gehören würden. Da wurde er vom HERRN auf die Stufe eines Tieres erniedrigt, so dass er sogar Gras fraß (Daniel 4). Vor dem Zusammenbruch wird das Herz des Menschen hochmütig, aber vor der Ehre kommt die Demut! Wer wirklich demütig ist und dies nicht bewusst – auch nicht vor sich selbst! – zur Schau stellt, der wird zu Gottes Stunde – spätestens im Reich Gottes – geehrt werden, wenn der HERR den Demütigen Gnade gibt: Sprüche 3,34: ***...so gibt Er doch den Demütigen Gnade.*** Ein Bach soll uns als Sinnbild dienen: Ein Bach fließt immer abwärts und niemals aufwärts. So fließt auch Gottes Gnade niemals aufwärts, sondern immer abwärts zu dem, der sie begehrt und der weiß, dass er auf sie angewiesen ist.

Der Weise lebt die Demut aus, ohne sie zur Schau zu stellen

Der demütige Mensch weiß nichts von seiner Demut, sondern er lebt sie aus, ohne dass es ihm bewusst ist. Der hochmütige Mensch rühmt sich womöglich seiner Demut. Es ist immer Vorsicht geboten, wenn ein Mensch sich seiner Demut rühmt. Männer, wenn sie zu Päpsten gewählt wurden, verkünden anschließend – der katholischen Tradition gemäß – , dass sie „demütige Diener Christi“ seien. Eine Selbstbezeichnung, die zum Amt der Päpste gehört: Sie nennen sich sogar „Diener der Diener“. Diese Formel zeugt aber eben nicht gerade von Demut! Noch einmal: Wer wirklich demütig ist, weiß nichts von seiner Demut, sondern sie ist ihm auferlegt und geschenkt.

Der Weise ordnet sich unter und lässt sich korrigieren

Wer demütig ist, ist bereit, sich unter die Hand Gottes und anderer Menschen (soweit dies Gottes Willen entspricht) unterzuordnen und sich korrigieren zu lassen. Auf keinen Fall wird ein demütiger Mensch sich über andere Menschen erheben, sondern – wie gesagt – den anderen höher achten als sich selbst. Der Hochmütige dagegen will immer der Erste sein. Er möchte „am oberen Ende des Tisches sitzen“.

Diese Wendung ist einem Gleichnis Jesu entnommen: Ein Mensch war eingeladen zu einem Gastmahl und hat sich sofort an die Seite des Gastgebers, also ganz oben hin an die Tafel, gesetzt. Er wurde dann aber ans untere Ende des Tisches geschickt, weil Gäste kamen, die ranghöher waren als er und daher mit Recht den Platz einnahmen, den der eitle Gast sich angemaßt hatte. Wer dagegen am unteren Ende des Tisches Platz nimmt, so sagt

Jesus weiter, hat die Chance, geehrt zu werden und höher zum Gastgeber hinaufzurücken (Lukas 14,7 ff.).

Auch Jesu Jünger waren so töricht und haben um die besten Plätze im Reich Gottes gestritten, nämlich wer von ihnen zur Rechten und zur Linken Jesu sitzen darf. Der HERR aber wird diese Plätze zuweisen, wir können sie nicht an uns reißen! Gott der Vater beruft und teilt zu nach Seiner Gnade und nach Seiner Erkenntnis der Menschenherzen (Matthäus 20,20 ff.). Nur Er siehst das Herz des Menschen, wie es wirklich ist. Der demütige Mensch ist also bereit, sich unterzuordnen, während der Hochmütige der Erste sein will.

Der Weise kann schweigen und sich zurücknehmen

Der demütige Mensch schweigt, während der Hochmütige, der Tor, prahlt. Schweigen und Stillesein ist Kennzeichen des Weisen, Prahlen und Hervortun mit seiner angeblichen Erkenntnis (die aber keine göttliche Erkenntnis ist) ist Kennzeichen des Toren. Der demütige Mensch ist gehorsam, hört auf den Willen Gottes und nimmt ihn ernst. Der hochmütige Mensch hingegen rebelliert und begehrt gegen Gottes Willen und Plan auf.

In Sprüche 11,2 steht: ***Auf Übermut folgt Schande, bei den Demütigen aber ist Weisheit.*** Demut paart sich mit Weisheit; Hochmut paart sich mit Torheit! (siehe auch das Kapitel: „Weisheit und Torheit“). So gehören Demut und Weisheit, bzw. Hochmut und Torheit zusammen.

Sprüche 15,33: ***Die Furcht des HERRN ist die Schule der Weisheit, und der Ehre geht Demut voraus.*** Weisheit, Ehre und Demut werden im Zusammenhang mit der Furcht des HERRN genannt!

Sprüche 16,19: ***Besser bescheiden sein mit den Demütigen, als Beute teilen mit den Stolzen.*** Demut hängt auch mit Bescheidenheit und Genügsamkeit zusammen! Der Hochmütige will viel Beute sammeln, eigene Reichtümer anhäufen, sich mit Macht und Einfluss ausstaffieren und übt Gewalt gegenüber denen aus, die ihm niedriger zu stehen scheinen.

In Sprüche 22,1 lesen wir: *Ein guter Name ist wertvoller als großer Reichtum, und Freundlichkeit ist besser als Silber und Gold.* Ein guter Name ist mehr wert als aller Reichtum dieser Welt. Wir können uns mit Silber und Gold nichts kaufen, was wir durch Freundlichkeit erringen. Ich meine die Freundlichkeit, die von Herzen, durch den HERRN gewirkt, kommt. So heißt es weiter in Sprüche 22,4: *Der Lohn der Demut und der Furcht des HERRN ist Reichtum, Ehre und Leben.* Es ist interessant, dass Gottes Wort hier auch den Reichtum als Lohn für Gottesfurcht nennt. Wenn wir nicht nach Reichtümern streben, wird der HERR uns mit dem versorgen, was wir brauchen. Wenn Er uns mehr als das gibt, möchte Er, dass wir es mit anderen teilen. Dies ist auch ein Zeichen von Demut, von Diene-Mut, dass wir das, was wir haben, was wir vom HERRN bekommen, weitergeben und teilen und nicht für uns behalten.

Jesus Christus allein!

Nun möchte ich ein schönes Beispiel für Demut erzählen. Es stammt aus dem Leben von Leonardo da Vinci, der nicht nur ein Erfinder, sondern auch ein begnadeter Maler war. Sein bekanntestes Gemälde ist die „Mona Lisa". Aber es gibt noch ein sehr berühmtes Gemälde von ihm, nämlich das Abendmahl. Leonardo da Vinci hatte an diesem Gemälde gearbeitet und als gläubiger Mann nur *ein* Ziel vor Augen: den HERRN Jesus in den Mittelpunkt zu stellen, so dass alle Blicke bei der Betrachtung des Gemäldes auf Ihn gerichtet sein sollten. Aber das Gemälde war ursprünglich nicht so gestaltet, wie wir es heute kennen. Leonardo hatte nämlich ursprünglich noch ein kleines Schiff auf das Bild gemalt. Für dieses kleine Schiff in einer Ecke des Gemäldes hatte er drei Wochen Arbeit investiert. So gründlich hatte er es ausgeführt.

Schließlich war das Gemälde fertig und wurde ausgestellt. Aus dem Hintergrund sah Leonardo da Vinci zu, wie die Leute sein Bild betrachteten. Dabei fiel ihm auf, dass viele Besucher sich an die Ecke stellten, in welcher das Schiff gemalt war. Er hörte, wie

sie es bestaunten, seine Malkunst priesen und ganz von diesem Schiff fasziniert waren. Leonardo da Vinci gefiel dies jedoch überhaupt nicht. Und was tat er? Als er abends allein war, nahm er seinen Pinsel und löschte mit einem kräftigen Strich das Schiff aus, auf das er drei Wochen Arbeit verwendet hatte. Warum? Nun, niemand sollte im Mittelpunkt stehen außer Jesus allein!

Dies war dieses großen Künstlers einziges Anliegen. Und das sollte auch unser einziges Anliegen für unser Leben sein. So geschah es auf dem Berg der Verklärung: ***Und sie*** (die Jünger) ***sahen niemand als Jesus allein*** (Matthäus 17,8). Wir brauchen keine großen Begabungen. Wenn wir uns dem HERRN zur Verfügung stellen und uns vor Ihm demütigen, dann wird sich unser Leben lohnen. Amen.

Fleiß und Faulheit

Sprüche 24,30-34: Ich ging vorüber am Acker eines Faulen und am Weinberg eines Unverständigen, und siehe, er ging ganz in Unkraut auf, und Nesseln überwucherten ihn, und seine Steinmauer war eingestürzt. Das sah ich und nahm es mir zu Herzen. Ich betrachtete es und zog eine Lehre daraus: „Ein wenig schlafen, ein wenig schlummern, die Hände ein wenig in den Schoß legen, um zu ruhen" – so kommt deine Armut wie ein Wegelagerer und dein Mangel wie ein bewaffneter Mann!

Sprüche 6,6–11: Geh hin zur Ameise, du Fauler, sieh ihre Wege an und werde weise: Obwohl sie keinen Anführer hat, weder Vorsteher noch Herrscher, bereitet sie dennoch im Sommer ihr Brot und sammelt in der Erntezeit ihre Speise. Wie lange willst du liegen bleiben, du Fauler? Wann willst du aufstehen von deinem Schlaf? „Ein wenig schlafen, ein wenig schlummern, ein wenig die Hände in den Schoß legen, um zu ruhen" – so holt dich die Armut ein wie ein Läufer, und der Mangel wie ein bewaffneter Mann!

Sprüche 10,4: Eine nachlässige Hand macht arm, aber eine fleißige Hand macht reich.

Sprüche 12,24: Die Hand der Fleißigen wird herrschen, eine lässige aber muss Zwangsarbeit verrichten.

Sprüche 12,27: Der Nachlässige erjagt kein Wild, aber kostbarer Reichtum ist es, wenn ein Mensch fleißig ist.

Sprüche 13,4: Die Seele des Faulen gelüstet nach vielem und hat doch nichts, die Seele der Fleißigen aber wird reichlich gesättigt.

Sprüche 21,5: Die Überlegungen des Fleißigen sind nur zum Vorteil, aber wer allzu sehr eilt, hat nur Schaden davon.

Der Weise ehrt den HERRN mit seinen Gaben

Der Fleiß ehrt den HERRN, der den Menschen Gaben und Aufgaben gibt. Die Faulheit widerspricht Gottes Plan und Auftrag für den Menschen. Mit Faulheit ist natürlich nur die eigenwillige Faulheit gemeint, nicht die Ruhe, welche durch Krankheit bedingt ist. Ich musste zum Beispiel mit einer Kehlkopfentzündung viele Stunden im Bett liegen. Das ist verordnete Ruhe, durch die man sich erholen muss. Die selbsterwählte Faulheit hingegen (man will eben einfach faul sein, obwohl man gesund und arbeitsfähig ist) stellt einen Fluch dar, wie wir aus den obigen Bibelstellen entnehmen können.

Sprüche 12,27: ***Der Nachlässige erjagt kein Wild, aber kostbarer Reichtum ist es, wenn ein Mensch fleißig ist.*** Wenn einer nicht jagt, wird er auch nichts fangen. Es gibt ja auch im christlichen Bereich die Haltung: Einfach nur beten und abwarten, was Gott schenkt. (Wobei das Gebet natürlich die Grundlage sinnvoller Arbeit ist!) Aber wenn man keine Arbeit sucht, wird der HERR auch keine schenken. Faulheit darf keine Ausrede suchen! Auch sollen wir das Unsrige tun, wenn Gott uns etwas zeigen möchte. Dem Nachlässigen fällt das Wild nicht einfach in den Schoß! Man kann nicht im Bett liegen bleiben und erwarten, mit allem beschenkt zu werden. Dies ist keine biblische Lehre – von Krankheit einmal abgesehen – ! Wenn ein Mensch gesund ist und arbeiten kann, soll er auch arbeiten. In der Bibel steht der berühmte Vers: ***Wer nicht arbeiten will, der soll auch nicht essen!*** 2. Thess. 3,10. Es heißt nicht, „wer nicht arbeiten kann"! Wer nicht arbeiten kann, ist entschuldigt, aber wer nicht arbeiten will, begeht Sünde!

Der Weise lernt aus dem Vorbild der Schöpfung

Fleiß folgt einem Beispiel, das Gott schon ins Tierreich gelegt hat. Aus der Beobachtung von Ameisen wissen wir, dass sie Lasten tragen, die um ein Vielfaches schwerer sind als sie selbst. Die Forschung nennt das 60fache ihres Eigengewichtes. Ein 100 Kilo schwerer Mensch müsste – im Vergleich gesprochen - im Stande sein, 6.000 Kilo zu tragen: das Gewicht eines Elefanten!

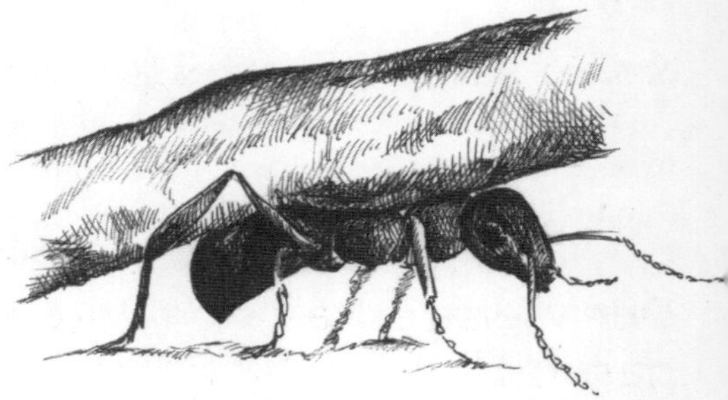

Auch die Bienen sind sehr fleißig. Sobald es die Temperaturen ermöglichen, schwärmen sie aus und sammeln stundenlang soviel Nektar wie möglich. Diesem Beispiel der Schöpfung Gottes sollen auch wir folgen. Wir Menschen bilden ebenfalls Staaten, die allerdings nicht so gut geordnet sind wie die Ameisen- und Bienenstaaten. Aber auch im Menschenstaat soll sich jeder einbringen, einen Arbeitsplatz einnehmen und so der Gesamtheit dienen. Die Faulheit dagegen verschließt die Augen vor Gottes guter Schöpfung und ist nicht bereit, aus ihr zu lernen.

Der Weise sorgt für sich und seine Familie

Der Fleiß dient dem eigenen Lebensunterhalt bzw. dem Unterhalt der Familie. Die Faulheit dagegen schadet sich selbst und den anderen, weil ein Mensch durch Faulheit arm wird. Armut durch Faulheit ist selbstverschuldete Armut.

Sprüche 13,4: *Die Seele des Faulen gelüstet nach vielem und hat doch nichts, die Seele der Fleißigen aber wird reichlich gesättigt.* Der

Faule hat auch Gelüste und möchte alles haben, was der Fleißige hat. Ungerechterweise wird der Faule dann auf den Fleißigen auch noch neidisch. Wenn er gesund ist, hätte der Faule aber genauso die Möglichkeit zu arbeiten und Geld zu verdienen. Noch einmal sei gesagt: Faulheit meint Drückebergerei und nicht unverschuldete Arbeitslosigkeit, wie sie heute leider zunimmt. Der Mensch aber soll für seine Bedürfnisse arbeiten, so sagt es Gottes Wort immer wieder. Auf Faulheit liegt kein Segen! *... die Seele der Fleißigen aber wird reichlich gesättigt.*

Wenn man faul ist, hat man irgendwann so wenig Geld, dass man verführt wird, auf unrechte Weise für sich zu sorgen, z. B. durch Diebstahl. Fleiß bewahrt vor Diebstahl und Kriminalität.

Der Weise erhält sich durch Arbeit gesund

Wenn man fleißig ist, fördert man dadurch die eigene Gesundheit und Kraft. Wenn man sich zu viel ausruht, nimmt man nämlich Schaden. Ohne körperliche Betätigung erschlaffen die Muskeln und ohne Denkarbeit verschlechtert sich die Leistung des Gehirns. So habe ich mit fünfzig Jahren angefangen, eine weitere Fremdsprache, nämlich Russisch, zu lernen, um mein Gehirn zu trainieren. Wir sollen also fleißig sein - zu unserem eigenen Nutzen und dem Wohl der Gesellschaft, in der wir leben.

Die Faulheit hingegen macht dick und krank und führt oft zu schnellem Tod. Es ist traurig, dass viele Menschen heute nur noch im Sessel herum sitzen, sich dem Fernsehen und dem Internet hingeben und nichts Aktives mehr produzieren, sondern nur noch konsumieren. Dies ist zum Nachteil für die ganze Gesellschaft.

Sprüche 19,15: *Faulheit versenkt in tiefen Schlaf, und eine träge Seele muss hungern.* Wenn man der Faulheit Raum gibt, wird man immer fauler, träger und müder, weil der Körper ohne Training immer weniger leistet. Aber der Körper ist ein Geschenk Gottes ebenso wie unser Geist. Wenn wir Körper und Geist nicht gebrauchen, verkümmern sie. Deshalb sollen wir uns bewegen und geistig beschäftigen, solange wie wir es können. Körper und Geist dürfen wir nicht vernachlässigen! In der Bibel steht in 1. Tim. 4,8: ***Denn die leibliche Übung nützt wenig …*** Es steht nicht da: … nützt nichts … ! Es heißt nur, dass sie nicht so wertvoll wie die geistliche Übung ist. Die geistliche Übung im Wort Gottes übertrifft alles. Aber die leibliche Übung ist doch notwendig, damit wir mit unserem Leib dem HERRN dienen können. Wir dürfen den Leib nicht zu gering achten, den uns der HERR gegeben hat. Wir dürfen ihn aber auch nicht überbewerten.

Sprüche 19,24: ***Hat der Faule seine Hand in die Schüssel gesteckt, so will er sie nicht wieder zum Mund zurückbringen.*** Stellt euch einmal eine solche Faulheit vor! Dies ist ein sehr drastisches Bild für Faulheit: Jede Bewegung ist dem Faulen eine Bewegung zu viel. Für so eine Untätigkeit hat Gott uns unseren Leib und unseren Geist nicht geschenkt! Unser Geist und unsere Glieder sind zur Betätigung geschaffen!

Der Weise vermeidet selbstverschuldete Armut

Der Fleiß fördert Besitz und Wohlergehen, auch Reichtum im positiven Sinne. Die Faulheit dagegen raubt den Besitz und das Wohlergehen und führt somit zu selbstverschuldeter Armut.

In Sprüche 10,4 steht geschrieben: ***Eine nachlässige Hand macht arm, aber eine fleißige Hand macht reich.*** Es gibt eine positive Art von Reichtum, die durch Fleiß erworben wurde.

Ich komme noch einmal auf die Ameise zurück. In Sprüche 6,6 ff lesen wir: ***Geh hin zur Ameise, du Fauler, sieh ihre Wege an und werde weise: Obwohl sie keinen Anführer hat, weder Vorsteher noch Herrscher, bereitet sie dennoch im Sommer ihr Brot und sammelt in der Erntezeit ihre Speise.*** Eine wunderbare Einrichtung ist das! Wer hat der Ameise ihre Intelligenz gegeben? Ich glaube nicht an die Evolution, sondern an die Schöpfung! Gott ist die absolute geistige Intelligenz, die alles geschaffen hat, und Er hat auch in das Tierreich Intelligenz hineingelegt, ebenso in uns

Menschen Geist und Verstand. Jeder Mensch, der offene Augen hat, wird in der Schöpfung einen Gottesbeweis erkennen.

Nun kommen wir zu einem Vers, der mir besonders morgens, wenn ich aufstehen muss, in den Sinn kommt: (Sprüche 6,9 ff) *Wie lange willst du liegen bleiben, du Fauler? Wann willst du aufstehen von deinem Schlaf? „Ein wenig schlafen, ein wenig schlummern, ein wenig die Hände in den Schoß legen, um zu ruhen": so holt dich die Armut ein wie ein Läufer, und der Mangel wie ein bewaffneter Mann!* Wenn man nicht aus dem Bett kommt, kann man auch nicht wirken, sondern wird verarmen und ins Elend fallen. Auch für diese Regel gilt natürlich wieder die Ausnahme der Krankheit und Schwachheit.

Der Weise ist bei aufrichtigen Menschen wegen seines Fleißes angesehen

Ist jemand als fleißig bekannt, so fördert dies sein Ansehen bei den Menschen und seine Ehre - auch wieder im positiven Sinne verstanden. Ist jemand hingegen als faul bekannt, so liegt auf diesem oft eine Schande und ein schlechter Ruf.

Wir haben von dem Acker des Faulen gehört, der Brennnesseln und Disteln getragen hat (Sprüche 24). Also Unkraut! Es gibt alte und kranke Leute, die ihre Gärten nicht mehr pflegen können. Aber es ist eine Schande, wenn jemand gesund ist und einen Garten hat, dessen Unkraut bereits bis auf die Straße wächst. Auch hierin sollte man als Christ ein Vorbild für andere sein und seinen Garten pflegen, ebenso sein Haus und vor allem: die eigene Seele! Das Äußere ist ja ein Abbild des Inneren. Was im Inneren (im Herzen) des Menschen ruht, wird nach Außen hin erkennbar. Dies bezieht sich auf unser Auftreten, unsere Kleidung, unsere Sprache, auf alles, was nach außen hin wahrgenommen wird. So gehören das Äußere und das Innere des Menschenwesens zusammen - oder auch: Das Äußere ist ein Spiegel des Inneren. Wir können diese beiden Zustände nicht voneinander trennen. Wir Christen sollen ein Abglanz des HERRN Jesus sein – in aller Gebrochenheit und Schwachheit, aber doch in Leuchtkraft und Klarheit – und nicht ein Abglanz der Unordnung und des Chaos!

Der Weise macht sich nicht von Menschen abhängig

Wer fleißig ist, schafft sich eine gewisse Freiheit und Unabhängigkeit von Menschen, weil er sich selbst Besitz und Ansehen erwirbt. Der Faule hingegen wird abhängig von Menschen und muss dann oft niedere Arbeiten verrichten, wie z. B. Zwangsarbeit. Deshalb ist es wichtig, einen Beruf zu erlernen, um dann eine befriedigende Arbeit zu tun. Sonst kann man nur noch als Hilfsarbeiter eingesetzt werden.

In Sprüche 12,24 steht: *Die Hand der Fleißigen wird herrschen, eine lässige aber muss Zwangsarbeit verrichten.* Wer sich anstrengt und sich bemüht, wird es zu etwas bringen, befördert werden und man wird ihm Verantwortung anvertrauen. Natürlich können auch fleißige Menschen durch Mobbing und Neid in ihren Entwicklungen gehemmt werden und eine gute Stelle wieder verlieren. Dies liegt dann aber nicht in ihrer Hand oder Verantwortung.

Der Weise denkt und handelt weitsichtig

Der Fleiß ist mit Weisheit gepaart, während die Faulheit mit Torheit einhergeht. In der Bibel werden der Tor und der Faule oft parallel gesetzt. Faulheit ist töricht und kurzsichtig: Der Faule meint, er tue sich etwas Gutes, indem er es sich bequem macht, aber längerfristig schadet er sich und den anderen nur.

Sprüche 21,5: *Die Überlegungen des Fleißigen sind nur zum Vorteil, aber wer allzu sehr eilt, hat nur Schaden davon.* Der Fleißige soll überlegen, bevor er handelt. Es gibt auch einen falschen Fleiß! Das ist wichtig zu beachten! Bevor ich gläubig war, war ich auch schon relativ fleißig. Aber ich orientierte mich in die falsche Richtung. Ich mühte mich nur um irdische und nicht um göttliche

Ziele. Dies war ein blinder Aktivismus, der nicht dem HERRN die Ehre gab, sondern ins Leere, ins Nichtige lief. Das „Wofür“ und „Wozu“ meiner Arbeit ist jedoch entscheidend! Ein nichtiger „Fleiß“ bringt keinen wirklichen Segen. Wer allzu sehr eilt, wer Entscheidungen überstürzt, ohne im Gebet den HERRN zu fragen, der betreibt blinden Aktivismus und wird keine wirkliche Frucht für und von Gott ernten. Das bekannte Wort „Ora et labora“ meint auf Deutsch: Bete und arbeite! Diese beiden Elemente gehören zusammen! Unser Tun muss aus der Beziehung zu Jesus hervorgehen – aus unserem Gebet: „Was ist's, HERR, das ich tun soll?“ Gott wird uns antworten und uns unsere Aufgaben zeigen.

Fleißige Hände taugen letztendlich nur dann etwas, wenn sie von der Gottesfurcht bewegt werden. Erinnern wir uns: Die Gottesfurcht ist der Anfang der Weisheit!

Der Weise ist bei seinem Arbeitgeber als zuverlässig bekannt

Wenn jemand fleißig ist, kann sich der Arbeitgeber auf ihn verlassen. Wenn jemand aber faul ist, so wird dieser vom Arbeitgeber entlassen. „Verlassen und entlassen“ - zwei ähnlich klingende Wörter mit großem Bedeutungsunterschied! Der Fleißige wirkt zuverlässig, während der Faule seine eigene Entlassung verursacht.

In Sprüche 10,26 lesen wir: ***Wie der Essig für die Zähne und der Rauch für die Augen, so ist der Faule für die, welche ihn senden.*** Der Faule ist kein zuverlässiger Bote, sondern er schädigt den Absender und den Empfänger. Er bringt auf der Arbeit keine wirkliche Frucht, sondern eher Schaden als Nutzen. Ein fauler Arbeiter wird irgendwann entlassen werden (wie schon erwähnt).

Das dumme Hänschen

Zur Veranschaulichung möchte ich nun ein Gedicht von Rudolf Löwenstein anführen. Es heißt: „Vom dummen Hänschen“.

Hänschen will ein Tischler werden,
ist zu schwer der Hobel,
Schornsteinfeger will er werden,
doch das ist nicht nobel.
Hänschen will ein Bergmann werden,
mag sich doch nicht bücken.
Hänschen will ein Müller werden,
doch die Säcke drücken.
Hänschen will ein Weber werden,
doch das Garn zerreißt er.
Immer wenn er kaum begonnen,
jagt ihn fort der Meister.
Hänschen, Hänschen denke dran,
was aus dir noch werden kann!

Hänschen will ein Schlosser werden,
sind zu heiß die Kohlen.
Hänschen will ein Schuster werden,
sind zu hart die Sohlen.
Hänschen will ein Schneider werden,
doch die Nadeln stechen.
Hänschen will ein Glaser werden,
doch die Scheiben brechen.
Hänschen will Buchbinder werden,
riecht zu sehr, der Kleister.
Immer wenn er kaum begonnen,
jagt ihn fort der Meister.
Hänschen, Hänschen denke dran,
was aus dir noch werden kann!

Hänschen hat noch viel begonnen,
brachte nichts zu Ende.
Drüber ist die Zeit verronnen,
schwach sind seine Hände.
Hänschen ist nun Hans geworden.
Und er sitzt voll Sorgen.

Hungert, bettelt, weint und klagt,
abends und am Morgen.
„Ach, warum nicht war ich Dummer
in der Jugend fleißig.
Was ich immer auch beginne –
`Dummer Hans` nun heiß ich.
Ach, nun glaub ich selbst daran,
dass aus mir nichts werden kann."

Dieses Gedicht sagt, was uns auch die Bibel schon lehrt: Wenn wir jede Arbeit ablehnen, werden wir es zu nichts bringen! Dies ist eine klare, einfache Lebensweisheit.

Abschreckende Beispiele

In Sprüche 22,13 steht: *Der Faule spricht: „Es ist ein Löwe draußen; ich könnte umkommen auf offener Straße!“* Der Faule scheut sich davor, überhaupt das Haus zu verlassen. Er gibt vor, Angst zu haben, dass wilde Tiere ihm draußen etwas zuleide tun könnten. Lieber arbeitet er gar nichts und bleibt daheim. Dies sind natürlich alles Ausreden! Faulheit führt oft auch zu Lügen und unaufrichtigen Entschuldigungen, z. B. sogenanntes „Krankfeiern“, obwohl man gar nicht krank ist.

Eine Parallelstelle findet sich in Sprüche 26,13: *Der Faule spricht: „Ein Junglöwe ist auf dem Weg, ein Löwe ist mitten auf der Straße!“* Dies wird in Israel wohl nur selten so gewesen sein. Auch anderswo befinden sich wohl kaum wilde Tiere auf der Straße. Ich habe zwar schon hinter unserem Garten Wildschweine gesehen, aber diese sind natürlich nicht so gefährlich wie Löwen. Wir können uns also nicht damit herausreden, dass draußen Gefahren lauern, die uns das Arbeiten außer Haus unmöglich machen.

In Sprüche 26,14 sehen wir wieder ein sehr drastisches Bild für Faulheit: *Die Tür dreht sich in der Angel und der Faule in seinem Bett.* Ein drastisches Bild: Der Faule dreht sich im Kreis in seinem Bett und kommt nicht in die Senkrechte. Dies kann auch übertragen werden: Er dreht sich um sich selbst und wird zu keiner tätigen Persönlichkeit. Ein trauriges Bild! Ich hoffe nicht, dass jemand von uns so faul ist.

Zusammenfassung

Grundsätzlich muss man unterscheiden, ob jemand faul ist, weil er es sein will und somit die Faulheit selbst wählt, oder ob er faul ist, weil er krank oder eingeschränkt ist. Beim Kranken spricht man dann aber nicht mehr von Faulheit, sondern von Krankheit: Er ist „faul", weil er nicht anders kann.

Selbsterwählte Faulheit allerdings, weil man sich einfach nicht anstrengen will, ist Schuld und Sünde und bedarf der Buße und der Vergebung durch das Blut Jesu. Der Faule muss Buße über seine Faulheit tun und erneuert werden. Sein Gebet könnte so lauten: „HERR, meine Faulheit tut mir leid. Bitte, schenke mir die Kraft, fleißig zu sein. Erneuere mich auch hierin in Dein Bild, dass ich ein Vorbild für andere und kein negatives Beispiel in Deiner Nachfolge bin. In Jesu Namen. Amen."

Wenn wir Fleiß lernen wollen, müssen wir nur das Tierreich betrachten. Natürlich nicht das Faultier (obwohl es diesen Namen zu Unrecht trägt), sondern die Ameise und die Biene. Das Faultier aber und der Siebenschläfer sind gar nicht so faul. Sie sammeln eifrig für ihre Ruhezeit, für den Winter und sind somit in der warmen Jahreszeit sehr fleißig. Leider haben die Menschen diesen armen Tieren solche ungerechten Namen gegeben.

Zusammenfassend ist zu sagen, dass Fleiß dem eigenen Lebensunterhalt dient sowie dem Wohl der eigenen Familie. Er fördert Gesundheit und Kraft, Besitz und Wohlergehen, Ansehen und Ehre. Fleiß schenkt eine gewisse Freiheit und Unabhängigkeit. Er bewahrt vor Diebstahl und Kriminalität. Fleiß ist mit Weisheit gepaart. Ein Arbeitgeber kann sich auf fleißige Mitarbeiter verlassen.

Ich hoffe, wir wollen alle fleißige Menschen und dadurch Vorbilder für andere sein. Der HERR Jesus war auch fleißig und hat keine Mühe gescheut, um Menschen zu retten. Für unsere Rettung hat Er sogar Sein Leben in den Tod gegeben. Dafür wollen wir Ihm immer wieder danken und Ihn als Vorbild sehen. Der HERR Jesus Christus stand immer schon früh auf, um zu beten, um mit Seinem Vater im Himmel zu sprechen. So erfragte

Jesus sicher auch des Vaters Auftrag für den jeweiligen Tag, als Er auf der Erde wandelte. So wollen auch wir Gott um unseren Auftrag und um Seine Kraft bitten, damit wir mit Fleiß dem HERRN dienen. Der HERR Jesus segne uns. Amen.

Armut und Reichtum

Der Weise ist zufrieden mit dem, was Gott ihm gibt

Grundlegendes zu dem Thema „Armut und Reichtum" findet man in Sprüche 30,7-9. Dort steht:

Zweierlei erbitte ich mir von Dir, das wollest Du mir nicht versagen, ehe ich sterbe: Falschheit und Lügenwort entferne von mir; Armut und Reichtum gib mir nicht, nähre mich mit dem mir beschiedenen Brot; dass ich nicht aus Übersättigung Dich verleugne und sage: Wer ist der HERR?, dass ich aber auch nicht aus lauter Armut stehle und mich am Namen meines Gottes vergreife!"

Diese Verse sind sehr wichtig. Wir sollen zufrieden sein mit dem, was der HERR uns schenkt. Wenn wir reich sind, dürfen wir Gott dabei nicht vergessen. Die Gefahr ist bei Reichtum sehr groß, da der Mensch seinen Schöpfer vergisst, wenn er vom Materialismus erfüllt ist. Ist man hingegen zu arm, läuft man Gefahr, auf dumme Gedanken zu kommen und zu stehlen oder in andere Kriminalität zu geraten.

Leider lässt man heute vielfach die „großen Fische", die z. B. Steuerhinterziehung in Millionenhöhe betreiben, durchs Netz gehen und fängt nur die kleinen, die aus Armut ein Brot oder ein Kleidungsstück klauen. Wobei freilich weder das eine noch das andere gerechtfertigt ist!

Betrachten wir nun einige Sprüche zum Thema Armut und Reichtum:

Der Weise ist großzügig

Sprüche 11,24: *Einer teilt aus und wird doch reicher; ein anderer spart mehr, als recht ist, und wird nur ärmer.* Hier liegt ein geistliches Geheimnis zugrunde. Wer großzügig ist und nicht knausert, wird vom HERRN belohnt und gesegnet werden. Wer aber nichts abgeben will, der verliert oft noch das, was er hat. Dies ist ein geistliches Gesetz, das man mit einem materiellen Denken nicht ergründen kann, wenn man nur die Summen aufrechnet. Bei Gott ist kein Ding unmöglich! ER kann und wird gerade denjenigen versorgen – auch mit materiellen Gütern – , der viel von seinem Besitz weggibt, ja, der vielleicht sogar alles weggibt, wie die arme Witwe, die ihr letztes Scherflein in den Gotteskasten legte (Markus 12,42).

In Sprüche 11,25 steht: *Eine segnende Seele wird reichlich gesättigt, und wer anderen zu trinken gibt, wird selbst erquickt.* Dies ist die geistliche Grundregel: Großzügig miteinander teilen! Jeder wird dann vom HERRN das Notwendige zum Leben empfangen.

Beispiele für Geiz und Umkehr

In Sprüche 11,28 lesen wir: *Wer auf seinen Reichtum vertraut, der wird fallen; die Gerechten aber werden grünen wie das Laub.*

Vielleicht kennen einige von Ihnen die Comicfigur Dagobert Duck, den reichen Onkel von Donald Duck. Onkel Dagobert hat einen riesigen Geldspeicher, der mit Goldstücken gefüllt ist. In diesen pflegt er dann und wann ein Geldbad zu nehmen. Dagobert Duck ist eine Satire auf den amerikanischen Milliardär. Er verkörpert den Geiz und die Geldgier.

Eine ähnliche Figur ist Mister Scrooge aus der weltberühmten Novelle von Charles Dickens: Ein Weihnachtslied (A Christmas Carol). Dieser Mister Scrooge, ein ausgesprochener Geizkragen und Egoist, verändert sich allerdings im Laufe der Erzählung. Ihm wird die Schlechtigkeit seines Lebens aufgezeigt und er bekommt große Ängste und innere Nöte, als er erkennt, was für ein böser und verlorener Mensch er ist. Am Ende der Geschichte tut er Buße und wird weichherzig und großzügig.

Auch von dem amerikanischen Milliardär Rockefeller wird berichtet, dass er bis in die 50er Jahre seines Lebens immer gewaltigere Schätze angehäuft hatte. Dann wurde er sehr krank und war so verhasst, dass niemand etwas mit ihm zu tun haben wollte. Daraufhin ging er in sich, beschloss, sich zu ändern und gründete Stiftungen. Es ist nicht alles Gold, was glänzt - dies gilt auch für Rockefeller, aber es ist tatsächlich eine Änderung in seinem Leben eingetreten und er wurde wesentlich großzügiger.

Der Weise bittet um geistliche Segnungen und arbeitet zugleich fleißig

In Sprüche 22,4 steht: *Der Lohn der Demut und der Furcht des HERRN ist Reichtum, Ehre und Leben.* Aus den Königsbüchern der Bibel wissen wir, dass Salomo Gott um Weisheit bzw. um ein gehorsames Herz gebeten hat. Er hat die Gottesfurcht, die in den Sprüchen gelehrt wird, an den Anfang seiner Prinzipien gestellt. Wenn wir in unserem Leben nicht das Streben nach irdischen Gütern, sondern die Bitte um geistliche Segnungen vorne anstellen, dann kann und wird der HERR uns die irdische Versorgung dazu schenken. So sind Reichtum, Ehre und Leben bei einem Gläubigen zu finden (wobei Reichtum im übertragenen Sinne auch Lebenstiefe durch den Umgang mit Gott bedeuten kann!).

In Sprüche 12,11 lesen wir: ***Wer seinen Acker bebaut, wird reichlich Brot haben; wer aber Nichtigem nachjagt, dem mangelt es an Verstand.*** Dies berührt sich mit dem Thema „Fleiß und Faulheit". Man kann auch selbstverschuldet in Armut geraten, weil man zu faul ist, um zu arbeiten. Wer arbeiten kann und Arbeit hat, der soll diese auch treu ausführen. Wer dagegen statt wichtigen Dingen nichtigen Dingen nachgeht, der ist ein Tor, ein Narr.

Der Weise richtet Reiche und Arme gerecht

In Sprüche 22,22-23 finden wir eine Warnung: ***Beraube den Schwachen nicht, weil er schwach ist, und unterdrücke den Elenden nicht im Tor! Denn der HERR wird ihre Sache führen und wird denen, die sie berauben, das Leben rauben.***

Wenn jemand reicher ist als die Armen, so soll er nicht auf diese herabsehen und sagen: „Diese bekommen sowieso kein Recht vor Gericht!" Er soll nicht versuchen, sie zu hintergehen. Richter sind von Gott aufgerufen, gerecht zu richten - und nicht nach dem Geld und dem Ansehen der Person. Sie dürfen weder den Armen noch den Reichen bevorzugen; also weder den, der nichts geben kann, noch den, der sie bestechen könnte! Dies wird in den Sprüchen immer wieder hervorgehoben. Der Richter soll ein gerechtes Urteil sprechen. Er soll nur die Gerechtigkeit und nie die Person zum Maßstab nehmen. Ist dies nicht der Fall, wird der HERR selbst die Sache des Armen bzw. des Benachteiligten führen und für Gerechtigkeit sorgen.

Der Weise bindet sein Herz nicht an irdischen Besitz

In Sprüche 23,4-5 lesen wir: ***Bemühe dich nicht, Reichtum zu erwerben; aus eigener Einsicht lass davon! Kaum hast du dein***

Auge darauf geworfen, so ist er nicht mehr da, denn sicherlich schafft er sich Flügel wie ein Adler, der zum Himmel fliegt. Dies ist ein treffendes Bild für den irdischen, vergänglichen Reichtum. Analog dazu sagt unser HERR Jesus in der Bergpredigt, Matthäus 6,19 ff: *Ihr sollt euch nicht Schätze sammeln auf Erden, wo die Motten und der Rost sie fressen und wo die Diebe nachgraben und stehlen. Sammelt euch vielmehr Schätze im Himmel, wo weder die Motten noch der Rost sie fressen und wo die Diebe nicht nachgraben und stehlen! Denn wo euer Schatz ist, da wird auch euer Herz sein. Niemand kann zwei Herren dienen, denn entweder wird er den einen hassen und den anderen lieben, oder er wird dem einen anhängen und den anderen verachten. Ihr könnt nicht Gott dienen und dem Mammon!*

Der Mammon steht für den Götzen Geld.

Der Weise übernimmt keine Bürgschaft für andere

In Sprüche 22,26-27 findet sich noch eine andere Warnung, die manche Christen zu ihrem eigenen Schaden missachtet haben: *Sei nicht unter denen, die sich mit Handschlag verpflichten, die sich für Schulden verbürgen; denn wenn du nicht bezahlen kannst, warum soll man dir dein Bett wegnehmen?* Der Bürge meint es ja gut, wenn er sich für einen anderen einsetzen will. Aber die Bibel warnt uns davor. Zu bürgen ist eine falsche Nächstenliebe. Ich kenne einen Fall, in welchem Christen für einen Familienangehörigen gebürgt haben. Zuerst verlor der Angehörige, für den gebürgt wurde, sein Haus, dann die Mutter ihres und nun ist auch das Haus des Sohnes gefährdet, weil auch er gebürgt hat. Lassen wir uns durch solche Schicksale und durch die Heilige Schrift warnen! Wenn ein Mensch sich hoch verschuldet, sollen wir ihn Gott anbefehlen, aber uns nicht selbst noch dazu durch eine Bürgschaft ins Unglück stürzen. Bürgschaft bedeutet ja, dass ich mit meinem Hab und Gut (früher sogar mit meinem Leben) für den hafte, der sich verschuldet. Dies ist ein gefährlicher Schritt.

Nun möchte ich zwei Geschichten erzählen und etwas über die wahren Schätze sagen:

Die Geschichte vom genügsamen Fischer

Ein Fischer saß am Strand neben seinem Fischerboot. Er war hinausgefahren, hatte geangelt, seine Fische verkauft und genoss nun den Sonnenuntergang, der besonders am Meer ja sehr schön ist. Plötzlich kam ein Tourist vorbei, ein geschäftiger Mensch. Der fragte den Fischer, warum dieser einfach so dasitze. Das Meer enthalte so viele Fische, dass er sich leicht vergrößern könne, wenn er mehr fangen würde. Der Tourist riet dem Fischer, einen Kredit aufzunehmen (was oft der erste Schritt in die Armut ist!) und sich anstelle seines alten Kahns ein Motorboot zu kaufen. So könne er schon die doppelte Menge Fisch fangen. Von dem Erlös solle er schließlich noch einen Arbeiter einstellen und das Vierfache herausholen. Nun könnte ein Stand auf dem Markt folgen, dann ein Fischrestaurant und endlich sogar eine Fabrik für Fischkonserven. (Lauter Zukunftsträume, die sich erst einmal erfüllen müssen; dem Kauf von Aktien vergleichbar, die irgendwann doch im Wert sinken.) „Und was soll ich dann tun?", fragte ihn der Fischer. „Dann kannst du dich ans Meer setzen

und den Sonnenuntergang beobachten", meinte der Tourist. „Das tue ich doch bereits", antwortete der genügsame Fischer. Dies ist eine Illustration zum Thema Genügsamkeit.

Die Legende vom törichten Reichen

Die zweite Geschichte ist eine Legende aus Russland. Sie erzählt, dass ein gewisser Herr Orloff im Sterben lag. Die um ihn waren, beteten und sangen die russischen Litaneien. Herr Orloff aber liebte einen anderen Klang, und zwar den Klang des Geldes, das Klingen der Goldmünzen. So hatte es während der Gesänge in seinen Ohren immer metallisch geklimpert. Herr Orloff war sehr reich und sehr geizig gewesen. „Geld ist alles", hieß sein Lebensmotto. Bevor er starb, bevor er in die Ewigkeit einging, hatte er noch befohlen, etwas in seinen Sarg zu legen, – nämlich einen Beutel Gold, damit er sich in der Ewigkeit etwas kaufen kann. Als er nun gestorben war, kam er zunächst in den Himmel (so erzählt es die Legende). Seinen Goldbeutel hatte er dabei. Im Himmel stand ein riesig langer Tisch mit Essen und Herr Orloff hatte nach der langen Reise dahin einen mächtigen Hunger. Da entdeckte er auf der Tafel ein Lachsbrot. Er dachte, dass dieses bestimmt sehr teuer sei, und freute sich, dass er so wohl mit Gold ausgestattet war. Das Lachsbrot kostete aber nur eine Kopeke (etwa ein Eurocent!), die Sardine genauso viel und ebenso die Pastete. Herr Orloff freute sich unbändig und legte fröhlich ein Goldstück auf den Tisch, um einzukaufen. Der himmlische Verkäufer nahm die Münze aber nicht an und sagte zu Herr Orloff: „Du hast wohl wenig gelernt da unten auf der Erde. Wir nehmen im Himmel kein Geld an, das jemand besitzt, sondern nur das Geld, das er zu Lebzeiten verschenkt hat. Hast du irgendeinem Armen etwas gespendet oder sonstwie mit deinem Reichtum Gutes getan?" Da musste Herr Orloff verstummen, denn ihm fiel nichts dazu ein. So packten ihn die himmlischen Diener und warfen ihn aus dem Himmel hinaus in die Verdammnis.

Möge uns zu Lebzeiten diese Legende als Warnung dienen! Wir können in die Ewigkeit nichts mitnehmen. So sollen wir all unseren Besitz Gott unterstellen und mit anderen Menschen teilen.

In Wahrheit ist Gott (der Vater, der Sohn Jesus Christus und der Heilige Geist) der größte Schatz, den ein Mensch besitzen kann, wenn Gott ihn führt, leitet und versorgt und durch Seinen Heiligen Geist sogar in ihm wohnt *(Christus in euch, die Hoffnung der Herrlichkeit.* Kolosser 1,27). Weiter heißt es von Jesus Christus im Kolosserbrief 2,3: ***... in welchem verborgen liegen alle Schätze der Weisheit und der Erkenntnis.***

Der reichste Mensch auf Erden

Mit einer dritten Geschichte möchte ich dieses Thema beschließen. Ein Finanzbeamter suchte eines Tages einen armen Prediger auf, der wenig irdische Reichtümer besaß. Er fragte diesen, was er besitze, um festzustellen, wie viele Steuern er zu zahlen hätte. „Oh", sagte der Prediger, „ich bin sehr wohlhabend und sehr reich!" Dann zählte er seine Schätze auf, die er besaß:

- Ich besitze das ewige Leben.
- Ich besitze eine Wohnung im Himmel.
- Ich habe Frieden, der alle Vernunft übersteigt.
- Ich habe unaussprechliche Freude.
- Ich habe die göttliche Liebe, die niemals versagt.
- Ich habe eine fromme und treue Frau.
- Ich habe gesunde, glückliche und gehorsame Kinder.
- Ich habe wirklich treue Freunde.
- Ich singe dem HERRN ein Loblied auch in der Nacht.
- Ich werde die Krone des Lebens empfangen.

Amen.

Genügsamkeit und Völlerei

Sprüche 15,15–17: Ein Unglücklicher hat lauter böse Tage, aber ein fröhliches Herz hat immer ein Festmahl. Besser wenig mit der Furcht des HERRN, als großer Reichtum und ein unruhiges Gewissen dabei! Besser ein Gericht Gemüse mit Liebe, als ein gemästeter Ochse mit Hass!

Sprüche, 16,8: Besser wenig mit Gerechtigkeit, als ein großes Einkommen mit Unrecht.

Sprüche 16,19: Besser bescheiden sein mit den Demütigen, als Beute teilen mit den Stolzen.

Sprüche 23,29-35: Wer hat Ach und wer hat Weh? Wer hat Streit? Wer hat Klage? Wer hat Wunden ohne Ursache? Wer hat trübe Augen? Die, welche spät aufbleiben beim Wein, die einkehren, um Würzwein zu kosten! Schau nicht darauf, wie der Wein rötlich schimmert, wie er im Becher perlt! Er gleitet leicht hinunter, zuletzt aber beißt er wie eine Schlange und sticht wie eine Otter! Deine Augen werden seltsame Dinge sehen, und dein Herz wird verworrenes Zeug reden; du wirst sein wie einer, der auf hoher See schläft, und wie einer, der oben im Mastkorb liegt. „Man hat mich geschlagen, aber es tat mir nicht weh; man prügelte mich, aber ich merkte es nicht! Wann werde ich aufwachen? Ich will es weiter so treiben, ich werde ihn wieder aufsuchen!“

Sprüche 24,15-16: Du Gottloser, belaure nicht die Wohnung des Gerechten und zerstöre nicht seine Ruhestätte! Denn der Gerechte fällt siebenmal und steht wieder auf, aber die Gottlosen stürzen nieder im Unglück.

Was hat man sich biblisch betrachtet unter Genügsamkeit und Völlerei vorzustellen? In dem Wort Völlerei steckt der Begriff „voll". Man könnte es auch mit „sich füllen, sich vollstopfen" übersetzen. So bedeutet ja der Ausdruck „Der ist voll!", dass jemand betrunken ist. Man sagt von sich „Ich bin voll!", wenn man mehr als genug gegessen hat. So ist in den zitierten Sprüchen auch von einem Betrunkenen die Rede, der „zu" ist und wie auf einem Schiff hin und her schwankt.

Nun möchte ich einige Beispiele zu Genügsamkeit und Völlerei gegenüberstellen.

Der Weise ist zufrieden mit dem, was Gott ihm zuteilt

Genügsam bin ich, wenn ich mit dem zufrieden bin, was Gott mir zuteilt, auch wenn es vielleicht wenig ist, was ich aber durch ehrliche Arbeit erworben habe. – Völlerei betreibe ich dann, wenn ich gierig nach mehr werde, wenn mir das, was ich habe, nicht genügt. Völlerei betreibe ich, wenn ich über Grenzen hinausgehe, die Gott mir gesetzt hat; wenn ich Dinge zu erstreben suche, die mir nicht gehören; wenn ich maßlos werde und auf unrechten Gewinn aus bin. Völlerei ist Sünde.

Ich kannte einen Menschen, der immer über das Wetter geklagt hat. Einmal sagte er, dass die Sonne so heiß brenne und er so schwitzen müsse. Ein paar Tage später jammerte er über den Regen, der ihn nass mache. In der Kälte beklagte er sich, dass er friere. So gab es für ihn jeden Tag ein Ungemach. Es ist schlimm, wenn man nie mit dem zufrieden ist, was Gott einem zuteilt. In Sprüche 15, 15 lesen wir: ***Ein Unglücklicher hat lauter böse Tage*** (er hat quasi immer eine schwarzgetönte Brille auf, auch wenn es draußen noch so schön ist), ***aber ein fröhliches Herz hat immer ein Festmahl.*** Gott und Seiner Gnade gedenkend (und dankend!), können wir immer fröhlich sein, auch wenn es draußen regnet. Erinnert sei hier an den schönen Spruch: Gott danken schützt vor Wanken und Ihn loben zieht nach oben!

Der Weise hört auf zu essen, wenn er satt ist

Genügsam ist man, wenn man isst, bis man satt ist. Völlerei betreibt, wer isst bis zum Erbrechen. In früheren Zeiten haben sich manche Fürsten, besonders bei Orgien, nach dem Essen künstlich zum Erbrechen gebracht und dann weiter gegessen. Derartiges Grauenhaftes geschieht auch noch heutzutage. Dagegen gilt es, maßvoll zu essen, damit man nicht zu dick wird und seine Gesundheit nicht gefährdet.

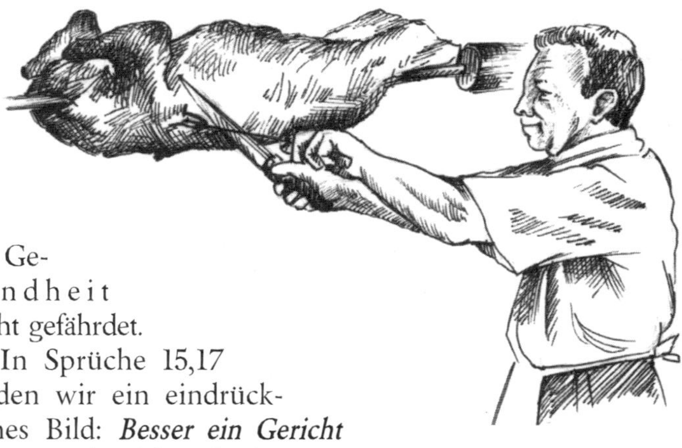

In Sprüche 15,17 finden wir ein eindrückliches Bild: *Besser ein Gericht Gemüse mit Liebe, als ein gemästeter Ochse mit Hass!* Sind wir für ein einfaches Essen dankbar, das in Liebe zubereitet und verzehrt wird? Meine Frau (die sehr gut kochen kann) bereitet manchmal ein schlichtes „mennonitisches Gericht" zu, wie sie es früher in Russland aß, und wir freuen uns daran. Wie viel Not gibt es dagegen in manchen Ehen! Was nützt das beste Essen, wenn es nicht in Liebe gekocht und gegessen wird, sondern mit Verbitterung und Hassgedanken? Ob wenig oder viel, es muss alles von einem liebenden Herzen kommen, sonst ist es nichts wert!

Der Weise vermeidet übermäßigen Luxus

Genügsamkeit ist, wenn ich meinen Besitz für einen mäßigen Lebensunterhalt verwende. Völlerei ist, wenn ich im Luxus leben möchte, wenn ich mit meinem Besitz prahlen und angeben will, oder / und wenn der Besitz auf Kosten anderer angehäuft wird – zum Beispiel durch Ausbeutung von Arbeitskräften, die nicht angemessen bezahlt werden. Solch unrechter Besitz und dessen Gebrauch ist Sünde.

In Sprüche 16,8 lesen wir: ***Besser wenig mit Gerechtigkeit, als ein großes Einkommen mit Unrecht.*** Ich habe keinen allzu hohen Verdienst. Aber er ernährt mich und meine Familie und wir sind dankbar dafür. Manche Menschen verdienen soviel Geld, dass sie gar nicht wissen, wohin damit. Sie kaufen dann z. B. alle Jahre neue teure Möbelgarnituren oder Luxusautos. Oft finanzieren sie, neben unnötigen hohen Ausgaben, auch unmittelbar Sündiges mit ihrem Geld, was man ohne hohes Einkommen gar nicht tun könnte (wie z. B. teure Modedrogen, zerstörerische sexuelle Kontakte oder Ähnliches). So ist ein bescheidenes Einkommen oftmals auch ein Segen!

Wenn man sein Einkommen redlich erwirbt, hat man ein ruhiges Gewissen. Hat man hingegen sein Geld mit Betrug verdient, lässt einen das nicht wirklich ruhig schlafen.

Hier möchte ich Sprüche 24,15 ff erwähnen – eine nicht so bekannte Bibelstelle: ***Du Gottloser, belaure nicht die Wohnung des Gerechten und zerstöre nicht seine Ruhestätte!*** Ich denke hier an die Häuserspekulationen. Neid und Habsucht treiben die Menschen in Schuldenfallen. Es ist gut, wenn wir uns an unserem „Dach über dem Kopf" genügen lassen, und sei es auch eine kleine Mietwohnung. ***Denn der Gerechte fällt siebenmal und steht wieder auf, aber die Gottlosen stürzen nieder im Unglück.*** Auch dies ist ein warnendes Wort.

Der Weise weiß um die Gefahren des Alkohols

Kommen wir zum Umgang mit Alkohol: Wein in Maßen und nicht in Massen ist durchaus vertretbar. Beim Abendmahl trinken wir einen Schluck Wein zum Gedenken an Jesu Tod. Wein ist in der Bibel durchaus auch ein Ausdruck für Freude, z. B. beim Feiern einer Hochzeit (vgl. Johannes 2). Allerdings sollte ein ehemals Alkoholabhängiger den Alkohol ganz meiden. Viele Mediziner sind zur Erkenntnis gelangt, dass Alkohol im Übermaß kein „Sorgenbrecher", sondern im Gegenteil ein Depressivum ist, also eine schlechte Stimmung noch verstärkt. So werden die Folgen des Alkoholmissbrauchs ja schon zum Teil in Sprüche 23 beschrieben: Man schwankt hin und her. Das ist wörtlich, aber auch sinnbildlich für ein charakterlich schwankendes Wesen zu verstehen. Alkohol kann so abstumpfen, das man es nicht einmal spürt, wenn man geprügelt wird. Nach größeren Mengen Alkohol fällt der Mensch ins Delirium und empfängt dann sogar Halluzinationen (Sicht von Trugbildern: … seltsame Dinge sehen ...). Jeder möge hier vorsichtig sein und gesunde Grenzen wahren!

Sprüche 23,29-35: *Wer hat Ach und wer hat Weh? Wer hat Streit? Wer hat Klage? Wer hat Wunden ohne Ursache? Wer hat trübe Augen? Die, welche spät aufbleiben beim Wein, die einkehren, um Würzwein zu kosten! Schau nicht darauf, wie der Wein rötlich schimmert, wie er im Becher perlt? Er gleitet leicht hinunter, zuletzt aber beißt er wie eine Schlange und sticht wie eine Otter!* Durch übermäßigen Wein- bzw. Alkoholkonsum läuft der Mensch Gefahr, jedes Maß und jede Grenze und Hemmung zu verlieren! Denken wir nur an die Trunksucht und Unzucht beim Karneval! Nach der Beschreibung der Folgen *(Deine Augen werden seltsame Dinge sehen, und dein Herz wird verworrenes Zeug reden; du wirst sein wie einer, der auf hoher See schläft und wie einer, der oben im Mastkorb liegt. „Man hat mich geschlagen, aber es tat mir nicht weh; man prügelte mich, aber ich merkte es nicht!")* steht dann ein erschütternder Schluss: *Wann werde ich aufwachen?* Dies klingt zunächst hoffnungsvoll. Kommt dieser Mensch jetzt zur Besinnung? Aber leider schließt der Trinker dann mit dem Bekenntnis: *„Ich will es weiter so treiben, ich werde ihn* (den Wein) *wieder aufsuchen!“* Hier wird sehr plastisch die Sucht beschrieben, die durch den übermäßigen Alkoholkonsum entsteht.

Es ist schlimm, wenn Menschen über ihr Fehlverhalten nicht Buße tun, wörtlich: „ihren Sinn nicht ändern“. Befreiung von der Sünde gibt es nur durch die Kraft eines Höheren, der stärker als die Sünde ist: Jesus Christus. Nur Er kann uns durch Seinen Heiligen Geist die Kraft geben, von bösen Wegen umzukehren. Nur Er kann und will uns von üblen Bindungen befreien.

Der Weise freut sich an seinem Ehepartner

Genügsam zu sein bedeutet auch, nur EINEN Ehepartner zu haben: die Frau nur EINEN Mann und der Mann nur EINE Frau. Dies muss man heute leider deutlich betonen. Völlerei betreibt man, wenn man wechselnde Partnerschaften pflegt oder sonstige Unzucht treibt. Bekehrt man sich nicht von solchen verkehrten Wegen, wird man ins Verderben stürzen.

Der Weise geht schonend mit der Schöpfung Gottes um

Genügsamkeit meint fernerhin, dass der Mensch als Verwalter der Schöpfung Gottes eingesetzt ist und nicht als deren Zerstörer. Dieser Auftrag ist eine Würde, die Gott dem Menschen verliehen hat, und eine hohe Verantwortung. Wir müssen mit der Schöpfung pflegend, bewahrend und liebevoll umgehen. Völlerei hingegen heißt, diesen Auftrag zu vernachlässigen, sich selbst auf den Thron Gottes zu setzen und damit seinem Egoismus im Raubbau der Natur und dem Menschen gegenüber zu leben. Wie oft will der Mensch alle Fülle der Macht und der Herrlichkeit für sich selbst beanspruchen und sein wie Gott! Der Mensch auf dem Thron Gottes ist das Sinnbild der Ich-Verstiegenheit, die in den Untergang führt! Aus dieser Anmaßung erwächst der Sündenfall, wie wir ihn aus 1. Mose 3 kennen.

Krankhafter Geiz

Nun möchte ich noch eine Begebenheit und eine Erzählung anführen. Die Begebenheit stammt von einem Evangelisten aus Baden-Württemberg. Er erzählt, dass er einmal an das Krankenlager einer alten Dame geführt wurde. Diese Dame war ganz abgemagert und ausgezehrt. Sie war bei lebendigem Leibe verhungert. Da sie jahrelang unterernährt war, konnte sie keine feste Speise mehr zu sich nehmen. Die Dame litt unter übergroßer Sparsamkeit, besser gesagt - am Geiz! Sparsamkeit ist löblich, aber Geiz ist Sünde. Die Dame ist verstorben und man hat ihren Nachlass, ihren Besitz, analysiert. Was fand man da? Ein Haus, viele Äcker, 60.000 DM (ca. 30.000 Euro) in bar, 140 Meter Stoff, 104 Hemden, 74 Tischtücher, viele volle Fetttöpfe, 40 Zentner Brikett, zwei Heuwagen voll Holz und vieles mehr. Nahezu unerklärlich, solches kommt aber immer wieder vor. Es gab schon Menschen, die „verarmt" auf ihrer Matratze lagen, in die Hunderttausende Euro eingenäht waren. Die Dame war natürlich auch zu anderen sehr geizig. Der Evangelist erzählt, er habe selbst erlebt, wie diese Dame einer ausgebombten Familie im Krieg einen Zentner Fallobst für 78 DM verkauft habe. So war diese Dame also bei vollen Fetttöpfen verhungert. Ihr Geiz richtete sich letztlich gegen sie selbst und brachte sie um. Eine tragische Geschichte!

Tödliche Habsucht

Die folgende Erzählung stammt aus Russland von dem bekannten Dichter Leo Tolstoi. Sie heißt: „Wie viel Erde braucht der Mensch?" und erzählt von dem Mann Pachom, der in das Land der Baschkiren geht. Dort erhält er die Möglichkeit, für nur 1.000 Rubel so viel Land zu bekommen, wie er an einem

Tag von Sonnenaufgang bis Sonnenuntergang umlaufen kann. Beim ersten Sonnenstrahl läuft Pachom los, getrieben von einer unersättlichen Habgier. Er ruht und rastet nicht, isst sogar im Gehen und hat nur eines im Sinn: möglichst viel Land zu umlaufen. Diese Wiese noch und jenes Waldstück und jenen Acker ... Schließlich merkt er, dass er sich in der Zeit verschätzt hat und beginnt einen mörderischen Rücklauf ohne Schonung seiner Kräfte. Die Sonne ist am Untergehen. Die Baschkiren sehen ihn von Ferne kommen und feuern ihn an. Er erreicht auch tatsächlich noch das Ziel und – bricht tot zusammen. Dann wird er beerdigt in einem kleinen Grab. Tolstoi schließt die Erzählung mit den Worten: „Wie wenig Erde braucht doch der Mensch: sechs Fuß tief unter dem Boden!“ Hätte Pachom nur die Hälfte seines Geländes umlaufen, hätte es ihm wirklich gehört. So aber – wegen seiner maßlosen Besitzgier – hatte er gar nichts davon!

Es sei hierbei auch an die Erzählung Jesu vom reichen Kornbauer erinnert, der sich irdische Reichtümer anhäufte und nicht reich war bei Gott. Der HERR rief ihn über Nacht aus diesem Leben ab (Lukas 12,13-21).

Lernen wir daraus!

Lassen wir uns an dem, was Gott uns gibt, genügen! Der HERR teilt uns das zu, was wir zum Leben brauchen. Sollte ein Bruder oder eine Schwester Mangel leiden, so sind diejenigen Geschwister, die mehr haben, dazu aufgerufen, mit den Notleidenden zu teilen. Dies erwartet Jesus Christus von Seinen Jüngern. Amen.

Die Beherrschung der Zunge

Sprüche 10,10-14: Wer mit den Augen zwinkert, verursacht Leid, und ein Narrenmund kommt zu Fall. Der Mund des Gerechten ist eine Quelle des Lebens, aber der Mund der Gottlosen birgt Gewalttat. Hass erregt Streit, aber die Liebe deckt alle Verfehlungen zu. Auf den Lippen des Verständigen wird Weisheit gefunden, aber auf den Rücken des Uneinsichtigen gehört eine Rute. Die Weisen sammeln ihr Wissen, die Lippen der Narren aber schnelles Verderben.

Sprüche 10,18-21: Wer Hass verbirgt, hat Lügenlippen, und wer Verleumdungen austrägt, ist ein Tor. Wo viele Worte sind, da geht es ohne Sünde nicht ab; wer aber seine Lippen im Zaum hält, der ist klug. Die Zunge des Gerechten ist erlesenes Silber; das Herz der Gottlosen ist wenig wert. Die Lippen des Gerechten weiden viele, aber die Toren sterben durch Unverstand.

Sprüche 17,9: Wer Liebe sucht, deckt die Verfehlung zu, wer aber eine Sache weitererzählt, trennt vertraute Freunde.

Sprüche 17,14-15: Einen Streit anfangen ist, als ob man Wasser entfesselt; darum lass ab vom Zank, ehe er heftig wird! Wer den Gottlosen gerecht spricht und wer den Gerechten verurteilt, die sind beide dem HERRN ein Gräuel.

Sprüche 17,27-28: Wer seine Worte zurückhält, der besitzt Erkenntnis, und wer kühlen Geistes ist, der ist ein weiser Mann. Selbst ein Narr wird für weise gehalten, wenn er schweigt, für verständig, wenn er seine Lippen verschließt.

Sprüche 18,7-8: Der Mund des Toren wird ihm zum Verderben, und seine Lippen sind der Fallstrick seiner Seele. Die Worte des Verleumders sind wie Leckerbissen; sie dringen in die verborgenen Kammern des Inneren.

Sprüche 18,13: Wer antwortet, bevor er gehört hat, dem ist es Torheit und Schande.

Sprüche 26,2: Wie ein Sperling davonflattert und eine Schwalbe weg fliegt, so ist ein unverdienter Fluch: er trifft nicht ein.

Sprüche 26,18-20: Wie ein Wahnsinniger, der feurige und todbringende Pfeile abschießt, so ist ein Mensch, der seinen Nächsten betrügt und dann spricht: „Ich habe nur gescherzt!" Wo kein Holz mehr ist, erlischt das Feuer, und wenn der Verleumder fort ist, hört der Streit auf.

Sprüche 27,2: Ein anderer soll dich rühmen, nicht dein eigener Mund, ein Fremder und nicht deine eigenen Lippen!

Die viel zu lange Zunge

Zum Einstieg möchte ich eine Geschichte von dem bekannten englischen Prediger Charles Haddon Spurgeon erzählen. Er hatte in seiner Gemeinde eine Frau, die für ihre Geschwätzigkeit bekannt war und mit ihrer Kritiksucht viel Unheil anrichtete. Diese Frau suchte eines Tages Spurgeon auf und verlangte von ihm eine Schere. „Herr Prediger", sagte sie. „Ihre Krawatte ist zu lang. Ein Geistlicher soll nicht eine so auffällig lange Krawatte tragen. Darf ich abschneiden, was zu lang ist?" Spurgeon dachte kurz nach und ließ sie Frau dann gewähren. Als sie fertig war, sagte Spurgeon zu ihr: „Darf ich nun auch bei Ihnen abschneiden, was zu lang ist? Strecken Sie doch einmal ihre Zunge heraus!" Dies war der Frau eine Lehre (Spurgeon schnitt ihre Zunge natürlich nicht ab).

Der Weise beherrscht seine Zunge

In den Sprüchen findet man in jedem Kapitel viele verschiedene Belehrungen. Die Belehrungen über die Zunge sind über das ganze Buch der Sprüche verteilt. Fast in jedem Kapitel wird man auf die wichtige Übung aufmerksam gemacht, die Zunge zu beherrschen. Oben habe ich einige Verse über die Beherrschung der Zunge zusammengefasst und möchte nun eine kleine Abhandlung über dieses wichtige Thema vortragen. Es gibt hierin zwei große Gegensätze: die beherrschte Zunge und die unbeherrschte Zunge. Es ist das Kennzeichen der Sprüche, Gegensätze, nämlich in Form von Weisheit und Torheit, einander gegenüberzustellen. So ist die beherrschte Zunge das Merkmal des Weisen und die unbeherrschte das Merkmal des Toren.

Der Weise denkt vor dem Reden nach

Der Mensch, der eine beherrschte Zunge hat, überlegt sich vor dem Reden, was er spricht. „Vor dem Gebrauch des Mundwerks erst den Verstand einschalten", weiß sogar der Volksmund. Eine beherrschte Zunge macht wenig Worte, nur die notwendigen. – Ein Mensch mit einer unbeherrschten Zunge dagegen fährt, wenn er spricht, unüberlegt heraus. „Plappern wie die Heiden", nennt der HERR Jesus das falsche Gebet (Matthäus 6,7). „Viele Worte, nichts dahinter", weiß wieder der Volksmund. Wenn man unbeherrscht und unüberlegt mit der Sprache herausfährt, ist das ein Zeichen von Torheit.

Hier sei Sprüche 10, 14 genannt: *Die Weisen halten mit ihrem Wissen zurück; aber der Toren Mund führt schnell zum Verderben.* Auch wenn man sich vielleicht für weise hält, - vielleicht ist man es ja teilweise auch -, ist es nicht gut, damit überall hausieren zu gehen. Man sollte mit Weisheit auch die Demut verbinden und sein Wissen nicht heraushängen. Die Weisen halten mit ihrem Wissen zurück. Das, was sie an Wissen haben, ist ja ein Geschenk Gottes und nicht ihr Verdienst. Die Schulbildung ist erlernbares Wissen, aber die wirkliche Weisheit über die ewigen Dinge und über die Ordnung unserer Welt und unseres Lebens, die wahre Lebensweisheit kommt vom HERRN. Dafür sollen und wollen wir Ihm die Ehre geben.

Der Weise hört anderen zu

Ein Mensch mit einer beherrschten Zunge hört anderen gut zu. Im Jakobusbrief 1, 19 steht zu lesen: ... ***ein jeder Mensch sei schnell zum Hören, langsam zum Reden, langsam zum Zorn.*** So sollen wir uns also üben im guten Zuhören und unsere Rede bremsen. Die unbeherrschte Zunge dagegen hört sich selbst gerne reden, lässt die anderen gar nicht zu Wort kommen oder unterbricht sie gleich immer.

Sprüche 17,28: ***Selbst ein Narr wird für weise gehalten, wenn er schweigt, für verständig, wenn er seine Lippen verschließt.*** Wenn man einen Menschen zum ersten Mal sieht, weiß man noch nicht, ob er weise oder töricht ist. Macht jemand allerdings den Mund auf, hört man recht schnell, ob Gutes und Segensreiches oder Schlechtes und Dummes herauskommt. Wenn jemand nicht weiß, ob er nun Gutes oder Schlechtes in einer Sache sagt, ist es ein guter Rat, sich nicht allzu sehr zu äußern. Man kann auch erst einmal zuhören und dazulernen. Von Natur aus sind wir ja alle Toren und Sünder und müssen, ja dürfen uns durch Gottes Heiligen Geist, durch Sein Wort verändern lassen.

Sprüche 18,13: ***Wer antwortet, bevor er gehört hat, dem ist es Torheit und Schande.*** Wenn man ein schlechter Zuhörer ist, meint man immer, man wisse schon alles, was der andere sagen möchte. Man gibt dann vorschnell eine Antwort, ohne zu wissen, was für das Gegenüber wirklich wichtig ist und was es meint. Dies ist ein törichtes Verhalten. Lasst uns also bessere Zuhörer werden!

Der Weise betet um die richtigen Worte

Der Mensch mit einer beherrschten Zunge betet um die richtigen Worte. Gerade, wenn man wichtige Gespräche führt, eigentlich bei jeder Begegnung, kann man Gott um die richtigen Worte bitten. Auch ich nehme manchmal an schwierigen Sitzungen teil, in denen ich mir bildlich einen Kieselstein unter die Zunge lege, damit ich nichts Falsches sage. So kann man den HERRN bei Gesprächen jeder Art bitten, dass Er einem den Mund zunächst verschließt und einen zur rechten Zeit das Richtige und Förderliche sagen lässt. – Ein Mensch mit einer unbeherrschten Zunge hingegen gibt seine eigenen fleischlichen Gedanken wieder.

Der Weise segnet, tröstet und muss wenig vom Gesagten zurücknehmen

Ein Mensch mit einer beherrschten Zunge segnet und tröstet den anderen, wie wir es später noch im Jakobusbrief lesen werden. – Der Mensch mit der unbeherrschten Zunge dagegen flucht, verletzt und verleumdet den anderen.

Wer eine beherrschte Zunge hat, muss nach einem Gespräch wenig von dem zurücknehmen, was er gesagt hat. Niemand ist perfekt und sagt nie etwas Falsches. Es ist auch ein Geschenk des HERRN, wenn man sich bei Menschen für ein böses Wort entschuldigen kann. Vielen fällt das sehr schwer. - Die unbeherrschte Zunge dagegen muss sich oft entschuldigen - wenn sie es denn tut. Der Tor sieht ja sein Unrecht nicht ein. In seinen Augen sind immer nur die anderen Schuld. In der Seelsorge begegnet es einem oft, dass die Schuld am Scheitern einer Beziehung einseitig dem Partner zugeschoben wird: „Nur mein Mann, nur meine Frau hat Schuld." Es mag sein, dass ein Ehepartner schwieriger ist als der andere und einen größeren Anteil an Schuld hat, aber prüfen müssen sich beide vor Gott. Selten hat nur einer die Gesamtschuld an ehelichen oder anderen Schwierigkeiten.

Der Weise ist sanftmütig und nicht streitsüchtig

Der Mensch mit der beherrschten Zunge ist sanftmütig, besonnen und ausgleichend. Er spiegelt Jesu Kennzeichen von Sanftmut und Demut wieder. Zwar führte Jesus auch harte Reden gegen die Pharisäer und Schriftgelehrten und schmiss die Tische der Wechsler und Händler im Tempel um, aber Sein Wesen ist an und für sich Sanftmut und Demut und „langsam zum Zorn" (Matthäus 11,29; Jakobus 1, 19). Gott lädt uns erst immer wieder ein, umzukehren und das Heil in Jesus Christus, Seinem Sohn, anzunehmen, bevor Er Seinen Zorn entbrennen lässt. Wer aber Jesus dauerhaft ablehnt, wer Ihm nicht glauben und nicht zu Ihm kommen will, wer die Vergebung Gottes und das Neuwerden in Jesus ausschlägt, über dem bleibt letztendlich der Zorn Gottes. Wir dürfen nicht lehren, dass Gott immer nur sanftmütig bleibt, auch in Seinem Gericht - das wäre eine falsche Lehre. Den unbußfertigen Sünder, der bis zu seinem Tode verstockt gegen das Evangelium bleibt, trifft Gottes Zorn. Aber Gott wünscht die Rettung des Sünders und nicht seine Verdammnis. Und so lädt uns Gott immer wieder werbend mit Liebe und Sanftmut zur Umkehr ein, Ihm zu vertrauen, dem Evangelium (dass Jesus für unsere Schuld starb und uns kraft Seiner Auferstehung neues Leben gibt) zu glauben und Jesus nachzufolgen. So soll unsere Zunge also von Sanftmut geprägt sein. -

Die unbeherrschte Zunge dagegen, wie wir in den Sprüchen lesen, stachelt Hass und Streit an und ist hitzig. Sie will immer Streit verursachen. Es gibt auch in den christlichen Gemeinden Menschen, die geradezu Streit in die Gemeinde hineintragen möchten, obwohl es nicht sein müsste. Da geht es dann um diffizile Lehrfragen, um persönliche Angriffe gegen Brüder und Schwestern. Wenn die Ältesten der Gemeinde dann keine Gemeindezucht üben (nämlich dem Streiter den Mund verbieten), werden sie an der Situation mitschuldig, weil andernfalls ein Streit um sich frisst und die Gemeinschaft zerstört. Wenn es freilich um heilsentscheidende Lehrfragen geht, muss dies im Bruderrat in Ruhe und Sachlichkeit geklärt werden. Streitsucht aber muss man energisch unterbinden.

Die zerstörerischen Folgen von Streitsucht

Sprüche 17,14: *Einen Streit anfangen ist, als ob man Wasser entfesselt.* Lutherübersetzung 1984: *Wer Streit anfängt, gleicht dem, der dem Wasser den Damm aufreißt.* Einen Streit fängt man in der Regel mit der Zunge an, normalerweise mit Worten. Aber auch das Herausstrecken der Zunge z.B. ist eine Form der Beleidigung, der Herausforderung, ebenso wie das Anspucken, welches auch mit der Zunge geschieht. Durch diese Provokation, durch Streitsucht löst man eine Flut von Unglück aus: Man reißt quasi dem Wasser den Damm auf. Daher ermahnt uns Gottes Wort: *Darum lass ab vom Zank, ehe er heftig wird!* Lutherübersetzung 1984: *Lass ab vom Streit, ehe er losbricht!* Einmal entfesselt, ist ein Dammbruch oder eine Feuersbrunst fast nicht mehr zu stoppen.

Sprüche 17,27: *Wer seine Worte zurückhält, der besitzt Erkenntnis, und wer kühlen Geistes ist, der ist ein weiser Mann. LÜ 1984: Ein Vernünftiger mäßigt seine Rede und ein verständiger Mann wird nicht hitzig.* Oft muss man beten, wenn man mit jemandem diskutiert, dass man ruhig und sanftmütig bleibt, weil man sonst kein gutes Zeugnis für den HERRN ist. Bei geistlichen Gesprächen mit Ungläubigen ist es wichtig, dies in Liebe zu tun und nicht in Hitzigkeit, Wut oder mit sonstigen negativen Gefühlen. Besser ist es, ein Gespräch rechtzeitig zu beenden, als es in Streit münden zu lassen.

Der Weise lobt Gott und ermutigt Menschen

Die beherrschte Zunge lobt den HERRN und lobt und ermuntert auch andere Menschen. (Ein Seelsorger sagte einmal sinngemäß: Die meisten Menschen brauchen vor allem Ermutigung statt Zurechtweisung!) Wahres Lob ist keine Lobhudelei, sondern begründetes aufrichtiges Loben. – Die unbeherrschte Zunge dagegen lobt sich selbst. Dies sieht die Bibel als Torheit an. So lesen wir in Sprüche 27,2: ***Ein anderer soll dich rühmen, nicht dein eigener Mund, ein Fremder und nicht deine eigenen Lippen!*** In der Politik rühmen sich die Politiker immer selbst, weil sie ständig von der Opposition angegriffen werden. Dieses Eigenlob ist leider nahezu ein Kennzeichen der heutigen Politik geworden. Der Volksmund sagt hierzu sehr richtig: „Eigenlob stinkt!“ Als Christen sollten wir uns auf jeden Fall nicht selbst hervorheben oder loben. Wenn man Grund zum Loben hat, soll man den HERRN loben für das, was Er geschenkt hat. Denn wenn es uns gut geht und uns etwas gelingt, so ist dies nur Gnade und Geschenk von Gott.

Ein unverdienter Fluch trifft nicht ein

In Sprüche 26,2 steht: *Wie ein Sperling davonflattert und eine Schwalbe weg fliegt, so ist ein unverdienter Fluch: er trifft nicht ein.* Jemandem zu fluchen ist eine Zungensünde und eine Herzenssünde. Wir sollen als Christen niemandem fluchen. Ist dieser Fluch dazu noch unverdient, so trifft er sowieso nicht ein. Im Neuen Testament gibt es allerdings einen berechtigten Fluch, der den trifft, der ein falsches Evangelium verkündet (Galater 1). Diesen Fluch hat der Apostel Paulus hervorgehoben, um die Wahrheit und die Bedeutung des Evangeliums zu schützen. Dies ist allerdings eine Ausnahmesituation, die dann greift, wenn jemand sich gezielt gegen Gottes Evangelium stellt. Diese Person bringt sich mit ihrem falschen Evangelium dann selbst unter den Fluch Gottes. Wenn es aber ein Mensch einfach nur böse mit einem anderen Menschen meint und z.B. als Hexe oder Zauberer einen Fluch über jemanden ausspricht, so ist dies unbegründet und trifft nicht ein, insbesondere wenn es sich bei dem „Verfluchten“ in Wahrheit um einen von Gott gesegneten Christen handelt. Als bekehrte und wiedergeborene Christen dürfen wir wissen, dass wir unter dem Schutz eines Stärkeren, nämlich unter dem Schutz Jesu Christi stehen.

Lügenhafte „Scherze" sollen nicht sein

In Sprüche 26,18-19 lesen wir: *Wie ein Wahnsinniger, der feurige und todbringende Pfeile abschießt, so ist ein Mensch, der seinen Nächsten betrügt und dann spricht: „Ich habe nur gescherzt!"* „Es war nur Spaß!" Manchmal machen wir ja auch Witze oder Scherze, doch hoffentlich nur gute und saubere! Anders verhält es sich z.B. mit Witzen auf Kosten anderer und mit dem berühmten Aprilscherz, mit dem andere am 1. April „in den April geschickt", also belogen werden. Da wird dann irgendetwas Erfundenes einem anderen mitgeteilt, z.B. eine ausgedachte Horrornachricht. Es gab Menschen, die sich das Leben nahmen, weil sie diese „Scherze" ernst genommen haben. Falls jemand so etwas tut, muss er den „Scherz" gleich wieder zurücknehmen, ehe ein Unglück geschieht. Dann hat man den anderen „nur" erschreckt, (wobei das auch nicht sein sollte!). Die Bibel sagt jedenfalls: Wie ein Wahnsinniger, der feurige und todbringende Pfeile abschießt, so ist ein Mensch, der seinen Nächsten betrügt und dann spricht: „Ich habe nur gescherzt!"

Verleumdungen sollen nicht geschehen

Sprüche 26,20 bezieht sich auf Verleumdungen: *Wo kein Holz mehr ist, erlischt das Feuer, und wenn der Verleumder fort ist, hört der Streit auf.* Ist der Verleumder, der Streitsüchtige, weg, kehrt wieder Frieden in eine Gemeinschaft ein – vor allem dann, wenn sich die Verleumdungen als böswillige Unterstellungen, als Unwahrheiten, erwiesen haben. Oft sind Verleumdungen ja aufgebauschte Halbwahrheiten, die es dann zu klären gilt.

Überlegen wir gut und beten wir, bevor wir reden: Ist das im Sinne des HERRN? Ist es gut, förderlich und heilsam? Handelt es sich vielleicht nur um ein übles Gerücht, das noch nicht einmal stimmt, und ich sage es weiter? Lassen wir das, was wir sagen wollen, doch durch folgende fünf Siebe gehen.

Das erste Sieb: Ist es wahr? Stimmt das überhaupt? Und wenn es nicht stimmt, dann sollten wir es zurückweisen und sagen:

„Das stimmt nicht. Tu Buße darüber! Du brauchst mir das gar nicht erzählen. Ich werde es ohnehin nicht glauben und weitergeben." Und der, der es einem erzählt, den dürfen wir dann zur Buße rufen und sagen: „Hast du das auch wirklich nachgeprüft? Bist du hundertprozentig davon überzeugt, dass das stimmt?" Man sollte auch denjenigen ansprechen, über den die Gerüchte verbreitet werden. Das haben manche auch schon getan, aber viele eben nicht. Und so werden diese Gerüchte ungeprüft immer weitergetragen. Wir machen uns dadurch mitschuldig, wenn wir Gerüchte ungeprüft übernehmen. Wir machen uns schuldig vor Gott und vor den Menschen.

Das zweite Sieb: Ist es notwendig, dass ich das überhaupt weitersage?

Das dritte Sieb: Ist es hilfreich?

Das vierte Sieb: Ist es gut?

Das fünfte Sieb: Dient es zur Heilung oder macht es nur andere fertig?

Selbst wenn Dinge wahr sein sollten, ist es nicht immer förderlich, sie weiterzusagen. Vieles sollten wir im Meer der Gnade und Barmherzigkeit versenken. Gott ist der Richter. ER weiß unser aller Sünden. Wir verunreinigen uns auch, wenn wir die Sünden anderer weitertragen, die vielleicht wirklich so geschehen sind. Aber wir bekommen dadurch auch immer einen Dreck davon ab. Hinterher fühlt man sich nicht wohl und denkt: „Jetzt habe ich doch wieder einen anderen schlecht gemacht."

Warnung vor dem „Narrenmund"

In Sprüche 10,10 ist vom Narrenmund die Rede: *Wer mit den Augen zwinkert, verursacht Leid, und ein Narrenmund kommt zu Fall.* Der Narrenmund überführt sich selbst. Irgendwann erkennen und durchschauen die Menschen, dass er nur Narretei redet und nichts dahinter ist – hinter seiner Fassade angeblicher Großartigkeit. Der Narrenmund belügt, betrügt und betrübt sich und die anderen. „Lügen haben kurze Beine", sagt der Volksmund. Sie bringen es nicht weit und kommen schnell zu Fall – und der Lügner mit ihnen. Lügen stolpern gewissermaßen über die eigenen Beine. Dagegen lesen wir in Sprüche 10,11: *Der Mund des Gerechten ist eine Quelle des Lebens ...*

Eine weitere Zungensünde steht in Sprüche 17,15: *Wer den Gottlosen gerecht spricht und wer den Gerechten verurteilt, die sind beide dem HERRN ein Gräuel.* Der Richter wird schuldig, wenn er sich z.B. bestechen lässt und dann ein ungerechtes Urteil spricht.

Die Zunge ist ein Feuer ...

Nun möchte ich zu diesem Thema über die Zunge noch einen wichtigen Bibelabschnitt aus dem Jakobusbrief anführen.

Jakobus 3,1-12: *Werdet nicht in großer Zahl Lehrer, meine Brüder, da ihr wisst, dass wir ein strengeres Urteil empfangen werden! Denn wir alle verfehlen uns vielfach; wenn jemand sich im Wort nicht verfehlt, so ist er ein vollkommener Mann, fähig, auch den ganzen Leib im Zaum zu halten. Siehe, den Pferden legen wir die Zäume ins Maul, damit sie uns gehorchen, und so lenken wir ihren ganzen Leib. Siehe, auch die Schiffe, so groß sie sind und so rau die Winde auch sein mögen, die sie treiben - sie werden von einem ganz kleinen Steuerruder gelenkt, wohin die Absicht des Steuermannes will. So ist auch die Zunge ein kleines Glied und rühmt sich doch großer Dinge. Siehe, ein kleines Feuer – welch großen Wald zündet es an! Und die Zunge ist ein Feuer, eine Welt der Ungerechtigkeit. So nimmt die Zunge ihren Platz ein unter unseren Gliedern; sie befleckt den ganzen Leib und steckt den Umkreis des Lebens in Brand und wird selbst von der Hölle in Brand gesteckt. Denn jede Art der wilden Tiere und Vögel, der Reptilien und Meerestiere wird bezwungen und ist bezwungen worden von der menschlichen Natur; die Zunge aber kann kein Mensch bezwingen, das unbändige Übel voll tödlichen Giftes! Mit ihr loben wir Gott, den Vater, und mit ihr verfluchen wir die Menschen, die nach dem Bild Gottes gemacht sind; aus ein und demselben Mund geht Loben und Fluchen hervor. Das soll nicht so sein, meine Brüder! Sprudelt auch eine Quelle aus derselben Öffnung Süßes und Bitteres hervor? Kann auch, meine*

Brüder, ein Feigenbaum Oliven tragen, oder ein Weinstock Feigen? So kann auch eine Quelle nicht salziges und süßes Wasser geben.

Ich habe vorhin schon erörtert, welch großes Übel von diesem kleinen Glied, der Zunge, entspringen kann. Ganze Kriege sind von ihr angestiftet worden. Ein Herrscher hat den anderen zuerst verbal angegriffen und dann wurde mit Waffengewalt hin und her gestritten. So heißt es im obigen Bibelabschnitt: *... die Zunge aber kann kein Mensch bezwingen, das unbändige Übel voll tödlichen Giftes ...* In der Beherrschung unserer Zunge sind wir ganz vom HERRN abhängig. Wir müssen Gott bitten, uns vor Zungensünden zu bewahren, und uns mit Jesu Blut reinigen lassen, wenn wir wieder in sie gefallen sind. Auch sollen wir uns befleißigen, Zungensünden (falsch Gesagtes, Geschwätz, Verleumdung, etc.) wieder in Ordnung zu bringen, soweit dies möglich ist. (Das ist ja das Gefährliche an den Zungensünden, dass sie sich ausbreiten und fast nicht mehr zu stoppen sind!).

Die Zunge: das Beste und das Schlechteste

Zu diesem Thema möchte ich nun eine Geschichte wiedergeben, die Pfarrer Johannes Kuhn erzählte.

Darin wird von einem Festmahl berichtet, zu welchem ein reicher Mann viele Gäste geladen hatte. Er beauftragte seinen Küchenchef, für den Festschmaus das Allerbeste zu kaufen. So kaufte dieser auf dem Fleischmarkt Zungen ein (man denke etwa an das köstliche Gericht: Ochsenzunge in Madeirasoße!). Die Gäste lobten zuerst die originelle Idee, und so gab es dann Zungen als Vorspeise, als Hauptgericht und zum Nachtisch (man kann Zunge offenbar auch süß würzen)! Dies war den Gästen nun doch entschieden zu viel Zunge und so sagte der reiche Mann zu seinem Küchenchef: „Habe ich dir nicht gesagt, dass du das Beste kaufen sollst?“ Der Küchenchef erwiderte: „Was gibt es denn besseres als die Zunge?! Sie ist das Band im bürgerlichen Leben, der Schlüssel zu allen Wissenschaften; das Organ, das Wahrheit und Vernunft verkündet. Der Zunge ist es zu verdanken, wenn Städte gebaut werden, und wenn die Menschen gelehrt und gebildet werden." (Auch die Lehrer sprechen ja mit ihrer Zunge.) „Das ist wohl wahr", meinte dann der reiche Mann. „aber serviere morgen bitte, was das Schlechteste ist." Er wollte auf jeden Fall verhindern, dass es noch einmal Zunge gäbe.

Aber am nächsten Tag kaufte der Küchenchef wieder Zungen ein und servierte sie. Die Gäste verloren nun sehr schnell den Appetit, waren sie doch noch vom Vortag mit Zungen gesättigt. Der Gastgeber fühlte sich blamiert und verspottet, rief voller Zorn den Küchenchef und fragte ihn, was er sich denn dabei gedacht habe. Er sollte doch etwas anderes, und zwar das Schlechteste, servieren. Der kluge Küchenchef aber antwortete: „Die Zunge ist auch das Schlechteste, was es auf Erden gibt. Sie ist die Mutter allen Zanks und Streites, die Quelle aller Prozesse vor Gericht, die Quelle aller Meinungsverschiedenheiten, das Instrument, das zum Krieg hetzt und zur Vernichtung führt, das Organ, das Irrtum verbreitet und üble Nachrede. Städte werden durch sie zerstört und Menschenleben vernichtet."

Die Geschichte von diesem Festmahl ist eine Lebensschulung. Wollen wir doch darauf achten und den HERRN uns lenken lassen, dass unsere Zunge das Beste und nicht das Schlechteste sei, was der HERR in uns hineingelegt hat! Wie wir im Jakobusbrief gehört haben, können wir mit der Zunge fluchen, aber auch den HERRN loben und den Menschen Gutes tun, sie z. B. segnen und wohlwollend beraten. Letzteres soll unser Ziel sein.

Zusammenfassung

Ich fasse noch einmal die Eigenschaften der beherrschten und der unbeherrschten Zunge zusammen:

Kennzeichen der beherrschten Zunge: Der Mensch, der eine beherrschte Zunge hat, überlegt vor dem Reden und macht wenig Worte. Er hört anderen gut zu und betet um die richtigen Worte. Er segnet und tröstet den anderen. Er muss wenig zurücknehmen von dem, was er gesagt hat. Er ist sanftmütig, ausgleichend und besonnen. Er lobt den HERRN und andere

Menschen – Menschen allerdings nur, wenn es angebracht ist, und ohne Lobhudelei.

Kennzeichen der unbeherrschten Zunge: Sie fährt unüberlegt heraus und plappert wie die Heiden. Sie hört sich selbst gerne reden und gibt eigene fleischliche Gedanken wieder. Sie redet närrisches und unwichtiges Zeug, Schädliches und Giftiges. Sie flucht, verletzt und verleumdet den anderen. Sie muss sich oft entschuldigen – falls sie es tut! Sie stachelt Hass und Streit an, wird schnell hitzig und lobt sich gerne selbst.

Möge jeder sich prüfen, ob er eine beherrschte oder unbeherrschte Zunge hat. Niemand von uns ist perfekt und auch auf diesem Gebiet der Zunge dürfen wir den HERRN immer wieder um Erneuerung bitten. Amen.

Wahrheit und Lüge

Definition von Wahrheit, Lüge und Irrtum

In der Philosophie wird Wahrheit definiert als Übereinstimmung von Tatsache und Aussage über diese Tatsache. Das meint, dass das, was man über eine Sache sagt, auch tatsächlich so ist. Dies klingt logisch. Wenn die Sachlage eigentlich anders ist, als man vorgibt, so ist das eben falsch, was man sagt.

Lüge meint eine bewusste Täuschung. Lüge ist also eine erfundene Behauptung, die nicht zutrifft und die nicht nur aus Unwissenheit gesagt wird, sondern mit Absicht.

Lüge muss man von Irrtum unterscheiden. Manchmal sagen wir Falsches, weil wir es nicht besser wissen. Ein solcher Irrtum ist zwar auch nicht gut, aber noch keine Lüge. Eine bewusste Lüge liegt dann vor, wenn ich ganz genau weiß, dass etwas anders ist, als ich vorgebe, dass es ist.

Übertreibungen und Verallgemeinerungen

Dazu eine kleine Geschichte: Neulich sagte ein Kind zu seinem Vater: „Ich habe einen Hund gesehen, der war so

groß wie ein Elefant." Darauf antwortete ihm der Vater: „Ich habe dir doch schon hunderttausend Mal gesagt, dass du nicht so maßlos übertreiben sollst!" Merken wir etwas? Der Vater hat genauso übertrieben mit der Behauptung, das Kind schon „hunderttausend Mal" ermahnt zu haben. So ist eine Übertreibung auch eine Lüge. Ein Hund ist nicht so groß wie ein Elefant und das Kind wurde höchstens ein paar hundert Mal ermahnt.

Leider werden uns unsere Übertreibungen oft gar nicht bewusst. In der Ehe und in jeder Gemeinschaft sind Übertreibungen bzw. Verallgemeinerungen sehr gefährlich und können tödlich (Beziehungskiller) sein: „Du bist immer schuld!"; „Nie kann ich dir vertrauen!"; „Du machst das ständig falsch!" Das sind böse Worte. Wir müssen im Umgang miteinander auf unsere Sprache achten! Man soll möglichst den Tadel mit Lob verbinden: „Das hast du diesmal falsch gemacht, bis jetzt war es aber meistens richtig!" Verallgemeinerungen und Übertreibungen führen schnell zu bösem Blut und sind Sünde.

Warnung vor Falschheit

Nun möchte ich aus dem Buch der Sprüche einige Verse zitieren. Sprüche 6,12-19 ist in der Bibel übertitelt mit „Warnung vor Falschheit":

Ein Taugenichts, ein nichtswürdiger Mensch ist, wer umhergeht mit trügerischen Reden und dabei mit seinen Augen blinzelt, mit seinen Füßen Zeichen gibt und mit seinen Fingern deutet. Verkehrtheit ist in seinem Herzen, er schmiedet Böses; allezeit streut er Zwietracht aus. Darum wird sein Verderben plötzlich über ihn kommen; augenblicklich wird er zerschmettert werden, unrettbar.

Nun folgt als poetisches Mittel eine Steigerung, wie sie für das Buch der Sprüche im Hebräischen typisch ist:

Diese sechs hasst der HERR und sieben sind Seiner Seele ein Gräuel: stolze Augen, eine falsche Zunge, Hände, die unschuldiges Blut vergießen, ein Herz, das böse Pläne schmiedet, Füße, die schnell zum Bösen laufen, ein falscher Zeuge, der Lügen ausspricht, und einer, der Zwietracht sät zwischen Brüdern.

Die letzte erwähnte Bosheit, der siebte Gräuel – Zwietracht zwischen Brüdern säen – ist die Folge der Bosheiten, die vorausgehend geschildert werden. Ich möchte die Gräuel kurz erläutern:

Stolze Augen drücken die Überheblichkeit des menschlichen Herzens aus. Aus ihr erwächst der stolze Blick, der auf die anderen Menschen herabsieht.

Eine falsche Zunge steht für einen Menschen, der lügt. Hier weise ich auf das Thema „Die Beherrschung der Zunge" hin.

Hände, die unschuldiges Blut vergießen: Man kann an einem Menschen durch Mord, aber auch schon durch Verleumdung (Rufmord!) schuldig werden. Auch dies bedeutet, unschuldiges Blut zu vergießen, wenn Menschen vielleicht nicht ihres Lebens, aber ihrer Ehre beraubt werden.

Ein Herz, das böse Pläne schmiedet: Die Sünde regt sich ja schon bzw. zuerst im Herzen. Sie beginnt in den Gedanken und wird dann zur Tat.

Füße, die schnell zum Bösen laufen: Nun wird das, was im Herzen geschmiedet wurde, in die frevlerische Tat umgesetzt.

Ein falscher Zeuge, der Lügen ausspricht: Jetzt wird es für den verhängnisvoll, über welchen die Lügen ausgesprochen werden. In alter Zeit konnte jemand, der eines Kapitalverbrechens (Mord, Aufruhr, Ehebruch) überführt wurde, sogar hingerichtet werden. In Deutschland gibt es zwar keine Todesstrafe mehr, aber es kann schlimme soziale Folgen für einen Menschen haben, der zu Unrecht angeklagt und verurteilt wird. So kann zum Beispiel ein Selbstständiger durch ein Jahr Untersuchungshaft seinen ganzen Kundenstamm verlieren.

... und einer, der Zwietracht sät zwischen Brüdern: Dies kann eben durch falsches Zeugnis, durch Streitgeist, durch Verleumdung und Lüge geschehen. All dieses böse Wesen und Treiben wird vom HERRN gehasst und ist Ihm ein Gräuel, eine Abscheulichkeit.

Sage offen, was recht ist!

Betrachten wir nun einige Verse aus Sprüche 12. In Sprüche 12,17 steht: *Wer wahrhaftig ist, der sagt offen, was recht ist; aber ein falscher Zeuge betrügt.* Wir sollen offen die Wahrheit sagen, besonders dann, wenn wir vor Gericht aussagen sollen. Als Christen sollten wir nicht schwören, sondern unser Ja soll ein Ja und unser Nein ein Nein sein, so dass man sich auf unser Wort verlassen kann, wie es uns Jesus in der Bergpredigt (Matthäus 5,34 ff) gebietet. Ein falscher Zeuge hingegen betrügt.

In Sprüche 12,19 lesen wir: *Wahrhaftiger Mund besteht immerdar; aber die falsche Zunge besteht nicht lange.* Wenn ich die Wahrheit sage, muss ich mich nicht in eine Kette von Lügen verstricken. Habe ich aber einmal gelogen, so muss ich diese Lüge immer wieder verteidigen und zur Stützung der ersten Lüge weitere erfinden – ein sündiger Kreislauf!

Lügenketten und Lebenslügen

Ein Beispiel: Der kleine Hans soll beim Bäcker Brot kaufen. Er war aber lieber spielen und lügt zu Hause die Mutter an, dass der Bäcker geschlossen habe. Die Mutter prüft das irgendwann nach und erfährt, dass der Bäcker damals doch offen hatte. Zur Rede gestellt, spinnt Hans die zweite Lüge und behauptet, er habe dies nicht gesehen. Schließlich muss er doch irgendwann zugeben, dass er gelogen hat.

Die falsche Zunge besteht nicht lange. Dies war ein Beispiel aus der Kinderwelt. Für die Erwachsenen gibt es weitaus schwerwiegendere Lügen, oft auch Lebenslügen: Man macht sich etwas vor, indem man sich einen rechten Lebenswandel erdichtet – und in Wirklichkeit lebt man an Gott vorbei. Viele Menschen meinen, sie bräuchten keinen Erlöser, sie bräuchten Jesus nicht. Dies ist die schlimmste Lüge des Teufels, des Vaters aller Lüge. Er versucht dem Menschen einzureden, dass dieser gut genug oder gar perfekt sei, als ob der Mensch keine Vergebung und keinen Sünderheiland bräuchte. Viele Menschen glauben lediglich an die Schöpfung und dass da vielleicht irgendwo ein Gott ist, aber sie dringen nicht durch zum lebendigen Glauben an Jesus, sie bekennen nicht ihre Sünden und sie nehmen Jesus nicht als ihren HERRN und Heiland an, sie sind nicht wiedergeboren zu einer lebendigen Hoffnung. Lassen wir uns nicht betrügen! Nur wer Jesus hat, der hat das Leben!

In Sprüche 12,22 steht: *Lügenmäuler sind dem HERRN ein Gräuel.* Man könnte noch viele weitere Verse aus dem Buch der Sprüche anführen, aber ich möchte in Bezug auf das Thema „Wahrheit und Lüge" auch auf die Bibel insgesamt eingehen. Noch einmal: Wahrheit ist Übereinstimmung von Tatsache und Aussage. Lüge ist eine frei erfundene Behauptung, die nicht zutrifft, oder eine Übertreibung, ein falsches Zeugnis, eine Verfälschung von Tatsachen und ähnliches.

Jesus Christus ist die Wahrheit in Person

Wahrheit ist laut der Bibel aber noch mehr als eine zutreffende Tatsache. Wahrheit ist eine Person und eine Vertrauensbeziehung zu dieser Person. Das hebräische Wort „ämät" bedeutet entweder eine absolut vertrauenswürdige Sache oder eine absolut vertrauenswürdige Person - und dies ist insbesondere *eine* Person: unser HERR Jesus Christus. In Johannes 14,6 sagt Jesus über sich: ***Ich bin der Weg und die Wahrheit und das Leben; niemand kommt zum Vater außer durch Mich.*** Jesus ist also die Wahrheit in Person. Und wie steht es mit der Lüge? Auch sie ist ursprünglich eine Person: der Teufel nämlich!

Zur Verdeutlichung dieses Gegensatzes möchte ich dazu ein paar Verse aus dem Johannesevangelium lesen: Der HERR Jesus befindet sich in Jerusalem und diskutiert im Tempel mit den Juden. Johannes 8,31 ff: ***Da sprach Jesus zu den Juden, die an Ihn glaubten: Wenn ihr in Meinem Wort bleibt, so seid ihr wahrhaftig Meine Jünger*** (oder auch: ***in Wahrheit Meine Jünger), und ihr werdet die Wahrheit erkennen und die Wahrheit wird euch frei machen!*** Sie werden Ihn (Jesus) als die Wahrheit erkennen und Er wird sie (die Jünger) freimachen von aller Sünde und Gebundenheit an den Teufel und von den versklavenden Dingen dieser Welt.

Die Juden betonen dann, dass sie Abrahams Same und nie jemandes Knecht gewesen seien. Darauf entgegnet Jesus (Joh. 8,34): ***Jeder, der die Sünde tut, ist ein Knecht der Sünde.*** Aus dieser Knechtschaft der Sünde kann nur Jesus die Menschen – ob Juden oder Heiden – befreien, weil Er am Kreuz von Golgatha für uns alle stellvertretend gestorben ist, stellvertretend für meine und deine Schuld. Bist Du, lieber Leser, auch schon frei von der Sünde? Bist du ein Kind Gottes durch den Sohn Gottes, Jesus Christus, das Lamm von Golgatha? Das ist entscheidend!

Im weiteren Verlauf des Gespräches zwischen Jesus und den Juden lesen wir dann in Joh. 8,39 ff: ***Sie antworteten und sprachen zu Ihm: Abraham ist unser Vater! Jesus spricht zu ihnen: Wenn ihr Abrahams Kinder wärt, so würdet ihr Abrahams Werke tun. Nun aber sucht ihr Mich zu töten*** (Jesus, den Gerechten), ***einen Menschen, der euch die Wahrheit gesagt hat, die Ich von Gott gehört habe; das hat Abraham nicht getan. Ihr tut die Werke eures Vaters!***

Der Teufel ist ein Lügner und der Vater der Lüge

Nun entsteht eine Diskussion darüber, wer denn nun der Vater derer ist, die hier mit Jesus im Tempel streiten. Jesus sagt zu ihnen unmissverständlich in Joh. 8,44 ff: *Ihr habt den Teufel zum Vater, und was euer Vater begehrt, wollt ihr tun! Der war ein Menschenmörder von Anfang an und steht nicht in der Wahrheit, denn Wahrheit ist nicht in ihm. Wenn er die Lüge redet, so redet er aus seinem Eigenen, denn er ist ein Lügner und der Vater derselben.*

Hier haben wir einen klaren Gegensatz: Jesus, die Wahrheit und der Retter, einerseits - und Satan, der Lügner und Mörder, der uns ins Verderben reißen möchte, wenn wir uns auf ihn einlassen, andererseits.

Schon im Bericht über den Sündenfall (1. Mose 3) finden wir ja die vier Lügen, mit denen der Teufel Adam und Eva geködert hatte: „Sollte Gott gesagt haben?"; „Ihr werdet keineswegs des Todes sterben"; „Eure Augen werden aufgetan werden"; „Ihr werdet sein wie Gott!" Leider sind die beiden ersten Menschen darauf hereingefallen und haben die Frucht der Erkenntnis gegessen, um zu werden wie Gott. Aber durch diese Handlung wurden sie von Gott getrennt. Nur Jesus, der die Wahrheit ist, kann diese zerbrochene Beziehung zwischen Gott und Mensch wieder heilen. Jesus ist der Sohn Gottes, den der Vater auf diese Erde gesandt hat, um uns zu erlösen. Jesus Christus hat Sein Leben als Sündopfer für die Sünde der Welt hingegeben und so die Welt wieder mit Gott versöhnt. Die Versöhnung wird wirksam für alle, die an Jesus Christus glauben und sich Ihm als dem HERRN und Heiland anvertrauen (2. Korinther 5).

Unser Mund soll das sagen, was unser Herz denkt

In Sprüche 6,12 ff. haben wir gelesen: *Ein Taugenichts, ein nichtswürdiger Mensch ist, wer umhergeht mit trügerischen Reden und dabei mit seinen Augen blinzelt, mit seinen Füßen Zeichen gibt und mit seinen Fingern deutet. Verkehrtheit ist in seinem Herzen, er schmiedet Böses; allezeit streut er Zwietracht aus. Darum wird sein Verderben plötzlich über ihn kommen; augenblicklich wird er zerschmettert werden, unrettbar.*

Es existieren ja volkstümliche „Abkommen": Wenn man zum Beispiel etwas verspricht und dabei hinter dem Rücken die Finger überkreuzt, gilt das Versprechen nicht. Dies ist die sündige Logik der Welt, und darauf liegt nicht der Segen Gottes. Solch ein Verhalten ist unwahrhaftig und Sünde. Unser Mund soll das sagen, was unser Herz denkt. Man muss nicht verletzend alles sagen, was man im Herzen hat, sondern in Liebe, aber man soll nichts Unwahres oder Verlogenes sagen.

Der Wahrhaftige kann anderen offen in die Augen sehen

Wer in der Wahrheit lebt und die Wahrheit sagt und tut, kann dem anderen offen in die Augen sehen. Wenn jemand unwahrhaftig ist und die Unwahrheit sagt, so merkt man das oft schon daran, dass er einem nicht in die Augen sehen, einen nicht anschauen kann. Ein solcher Mensch schaut dann weg und weiß gar nicht, wohin er schauen soll. Oft wird ein Lügner auch rot, wenn er lügt, es sei denn er ist schon verroht und hat ein abgestumpftes Gewissen. Solche Verhaltensweisen und Vorgänge sind oft ein Kennzeichen dafür, dass jemand nicht die Wahrheit sagt. Nur wenige Menschen können lügen und einem dabei in die Augen sehen. aber es gibt auch solche Fälle!

Wer die Wahrheit sagt, der kann den Blick frei zum Himmel und zu den Menschen erheben! Kain musste seinen Blick senken, nachdem er Abel erschlagen hatte (1. Mose 4). Auch dies ist ein Kennzeichen für Lüge und schlechtes Gewissen, wenn der Mensch den Blick zu Boden (nach unten!) richten muss. Kain versuchte sogar, Gott zu belügen, indem er ganz unschuldig tat und vorgab, nicht zu wissen, wo sein Bruder wäre („Soll ich meines Bruders Hüter sein?"). In Wirklichkeit wusste Kain, dass er Abel erschlagen hatte. Auch hier wurde schon gelogen.

Der Lügner, in den obigen Sprüchen beschrieben, blinzelt mit den Augen und gibt hinterhältige Zeichen. Was er sagt, ist nicht aufrichtig gemeint, sondern „hintenherum", das heißt, hinter dem Rücken des anderen wird seine böse Gesinnung offenbar, indem er seinen Kameraden zu verstehen gibt, dass er sich über seinen Gesprächspartner lustig macht, ihn betrügt oder sonst etwas Böses im Schilde führt. Auf so einem Verhalten liegt kein Segen.

Der Wahrhaftige möchte Gott und dem Nächsten dienen

Der Wahrhaftige will Gott und dem Nächsten dienen, den Menschen Gutes tun und Gottes Willen erfüllen. Der Lügner dagegen verspottet Gott und schädigt den Nächsten. Früher oder später wird der Schaden, den die Lüge durch Verleumdung, Verleugnung und ähnliches verursacht, auch auf Erden offenbar.

Die Wahrheit bleibt bis in die Ewigkeit bestehen

Was in Wahrheit ausgesagt und bezeugt wurde, bringt Ewigkeitsfrucht. Lügen dagegen haben kurze Beine. Der Lügner kommt zu Fall. Seine Unaufrichtigkeit wird offenbar werden. Wenn nicht in der Zeit, so in der Ewigkeit. Der Lügner wird wie Satan, der Vater der Lüge, untergehen.

Die Frage der „Notlüge"

Nun kommen wir zu einem schwierigen Thema: der Notlüge. Ist sie Sünde oder nicht? Geradlinig gedacht ist auch eine Notlüge eine Lüge und damit Schuld bzw. Sünde. Allerdings möchte ich betonen, dass derjenige, der einen Menschen in die

Notlüge treibt, größere Schuld hat, als der, welcher in seiner Verzweiflung zur Notlüge greift. Hierzu möchte ich zunächst drei Beispiele anführen:

1. Ein Lehrer stellt vor der ganzen Klasse ein Kind bloß und sagt zu ihm: „Dein Vater ist ein Alkoholiker!" Das Kind greift zur Notlüge und verneint die Aussage des Lehrers, um seinen Vater zu schützen. Hat nun das Kind oder der Lehrer die größere Schuld?

2. Angenommen, wir lebten im „Dritten Reich" und hätten Juden versteckt. Nun käme die Gestapo (Geheime Staatspolizei) und würde uns nach deren Aufenthalt befragen. Zeigen wir dann das Versteck und bringen unsere Schützlinge in den sicheren Tod? Ich denke: Die Gestapo hat größere Schuld als der, welcher in einer solchen Situation zu einer Notlüge greift. – Mit viel Geschick kann man natürlich versuchen, nicht direkt auf solche Fragen zu antworten.

3. Wie stellt man sich zum Bibelschmuggel? Wie antwortet man auf die direkte Frage: „Haben Sie Bibeln im Auto?" Wohl kaum mit „Ja!".

So gibt es wirklich Grenzfälle, die Menschen zur Notlüge als dem kleineren Übel zwingen. Oft greifen aber Menschen zur „Notlüge", wenn gar keine „Not" vorliegt. In einem solchen Fall handelt es sich dann um eine gewöhnliche Lüge, die absolut verwerflich ist.

Die hebräischen Hebammen zur Zeit Moses

Ich habe mich intensiv mit der Thematik der echten Notlüge beschäftigt und entdeckt, dass auch in der Bibel ein solcher Grenzfall geschildert wird. So möchte ich nun 2. Mose 1,15 ff zitieren:

Und der König von Ägypten redete mit den hebräischen Hebammen, von denen die eine Schiphra, die andere Pua hieß, und er sprach: Wenn ihr die Hebräerinnen entbindet, so seht auf der Stelle nach; wenn es ein Sohn ist, so tötet ihn, ist es aber eine Tochter, so lasst sie leben! Aber die Hebammen fürchteten Gott und taten nicht, was ihnen der König von Ägypten befohlen hatte, sondern sie ließen die Knaben leben. Da ließ der König von Ägypten die Hebammen rufen und fragte sie: Warum tut ihr das, dass ihr die Knaben leben lasst? Nun kommt die strittige Antwort: *Da antworteten die Hebammen dem Pharao: Nun, die hebräischen Frauen sind nicht wie die ägyptischen; sie sind lebhafter; ehe die Hebamme zu ihnen kommt, haben sie geboren! Und Gott segnete die Hebammen; das Volk aber vermehrte sich und nahm gewaltig zu. Und es geschah, weil die Hebammen Gott fürchteten, baute Er ihnen Häuser.*

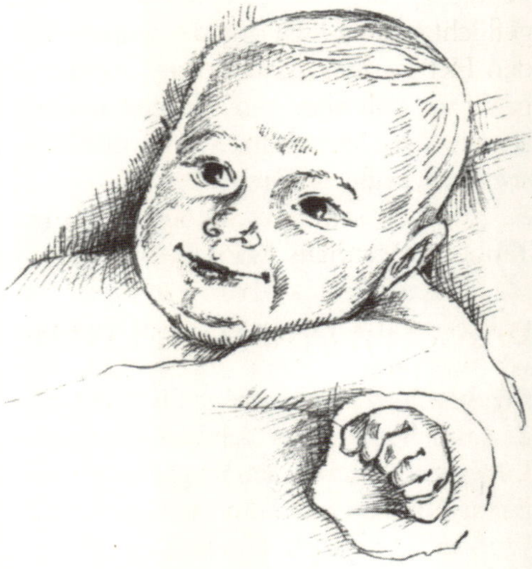

Nun kann man natürlich annehmen, dass die Aussage der Hebammen immer der Wahrheit entsprochen hat: Die Kinder waren schon geboren, bevor sie (die Hebammen) kamen. Aber ich denke, dass man davon ausgehen kann, dass dies nicht immer der Fall war und die hebräischen Hebammen mit ihrer Behauptung das Leben der Kinder ihres Volkes schützen wollten. Und meiner Ansicht nach segnete Gott die hebräischen Hebammen, weil sie dem Tötungsgebot des Pharaos nicht gehorcht haben.

Dies sind Grenzfälle, auf die wir uns bei einer bewussten Lüge nicht berufen können. Aber auch hier in unserem biblischen Beispiel hat der Pharao durch sein Tötungsgebot die größere Schuld als die Hebammen, die sich eventuell in eine Notlüge geflüchtet haben. Ich möchte behaupten, dass Gott in diesem Fall den Hebammen ihre Notlüge vergeben und sie sogar gesegnet hat. Dies soll aber keinesfalls eine Rechtfertigung des Lügens an sich sein. Man muss nicht unbedingt, wenn der Feind Böses anrichten will, ihm naiv alles offenbaren. In solchen Fällen gilt es, „klug zu sein wie die Schlangen und ohne Falsch wie die Tauben" (Matthäus 10,16).

Wahrheit und Lüge in der Christenheit

Abschließend möchte ich nun noch auf ein Thema eingehen, welches für die Gemeinde sehr wichtig ist: Wahrheit und Lüge bezogen auf den Bereich der Gemeinde, insbesondere in Bezug auf die Lehre, die Verführung durch falsche Zeichen und Wunder sowie durch falsche Propheten. Hier ist es lebenswichtig, dass wir die Geister zu unterscheiden lernen. Wie können wir göttliche Wunder von dämonischen Wundern unterscheiden? Was ist der Unterschied zwischen göttlichen Wundern, die der Wahrheit entsprechen, und dämonischen Wundern, auch Heilungen, die vom Vater der Lüge, vom Teufel, stammen?

Kennzeichen göttlich gewirkter Wunder

Zunächst einige Kennzeichen für göttliche gewirkte Wunder, die der HERR wirkt: Solche Wunder suchen allein die Ehre Gottes! Sie geschehen immer unentgeltlich, also ohne Geldforderungen, und meist in der Stille! Auch der Herr Jesus selbst verbot es, Seine Heilungen und Wunder weiterzusagen oder damit zu prahlen. Göttliche Wunder geschehen in Buße und Gebet. Die Hilfe für den Menschen ist mit der Umkehr und Vergebung der Sünden verbunden. Heilung verbunden mit Umkehr, mit Vergebung der Sünden ist auf jeden Fall die Regel für die neutestamentliche Gemeinde, wie es zum Beispiel in Jakobus 5 beschrieben wird.

Göttlich gewirkte Wunder helfen zu einem gesunden, natürlichen Leben, zu Vernunft und Arbeit für den Mitmenschen. Voraussetzung für göttliche Wunder ist die rechte Vollmacht, die ein Geschenk Gottes ist, dessen man sich nicht rühmen soll. Aus dieser Gesinnung entstehen keine Star- und Showprediger, die im Rampenlicht stehen.

Kennzeichen dämonisch gewirkter Wunder

Die dämonisch gewirkten Wunder dagegen sind so genannte Schauwunder, auch Mirakel genannt. Sie suchen das Theatralische, die Sensation und das Massenspektakel. Sie beruhen auf Ritualen, Zeremonien und Zauberei. Sehr gerne - das ist das Heimtückische! – tarnen sie sich als göttlich gewirkt (hier sei auch auf die teuflische weiße Magie hingewiesen, die vielen Verirrten als so genannte „gute Zauberei" erscheint; Harry Potter etc.). Es wird hierbei auch der Name Gottes im Munde geführt, sogar der Name Jesu! Aber dämonische Wunder bewirken nur eine äußere Heilung ohne eine innere Umwandlung des Menschen, des Menschenherzens. Sie werden ohne Sündenvergebung und ohne Bekehrung zu Jesus Christus als dem wirklichen Sohn Gottes vollzogen. Sie sind oft mit Geldmacherei verbunden und geben letztendlich dem Wundertäter statt Gott die Ehre, auch wenn dieser immer wieder von Gott redet („Haben wir nicht in Deinem Namen Dämonen ausgetrieben ...?" Matth. 7). Wunderheiler werden oft anderen Menschen empfohlen: „Zu dem musst du gehen, da musst du hin, der hat Vollmacht" etc.

Dämonische Wunder führen weg von einem gesunden, tätigen Leben hin zu Weltflüchtigkeit und Schwärmerei (ungeistliche Ekstase, Visionen, Auditionen etc.), welche Kennzeichen des Schwarmgeistes sind. Klassisches Beispiel für dämonisches Wirken ist der Zauberer Simon Magus, der in der Heiligen Schrift erwähnt wird und die Wunderkräfte der Apostel mit

Geld kaufen möchte (Apg. 8). Dessen Name klingt in zwei Gräueln an: in Magie und Simonie. Magie ist ein anderer Name für Zauberei. Mit Simonie wird der Kauf von Kirchenämtern im Mittelalter bezeichnet. Man konnte damals z.B. als Fürst für Geld ein geistliches Amt, z.B. das des Bischofs, kaufen, was einen schrecklichen Missbrauch dessen ist, was die Bibel über den Ältestendienst lehrt.

Kennzeichen von Irrlehrern und falschen Propheten

Nun möchte ich noch auf einige Kennzeichen falscher Propheten und Irrlehrer eingehen und die Frage betrachten, wie man hierbei Lüge und Wahrheit unterscheiden kann.

Irrlehrer und falsche Propheten fügen etwas zur Bibel hinzu oder nehmen etwas von ihr hinweg. Insbesondere bei Sekten und ihren Begründern finden sich neben der Bibel fast immer eigene Schriften, Visionen, Auditionen und andere „höhere Offenbarungen", die dann zur Bibel hinzugefügt werden. Erwähnt seien hier zum Beispiel das „Buch Mormon", „Wissenschaft und Gesundheit", das „fünfte Evangelium" der Anthroposophen, die spiritistischen Visionen von Gabriele Wittek, Edgar Cayce und Jakob Lorber und weitere Neuoffenbarungen.

Falsche Propheten erfinden Lehren, die im Widerspruch zum eindeutigen Wortsinn und Gesamtzusammenhang der Heiligen Schrift stehen.

Sie verändern vor allem das Zentrum der biblischen Aussage: die Bedeutung des Kreuzes Jesu Christi. Gemäß der Irrlehren hat Jesus nicht alles für uns vollbracht. Sie verkündigen einen anderen Jesus als den der Bibel. Für die Irrlehrer hat Jesus nur einen Teil der Erlösung vollbracht, Er erleuchtet uns nur, ist nur ein Vorbild, – und ähnliche Verdrehungen. Sie sehen Jesus aber nicht als den an, wie Ihn die Bibel beschreibt, der ausrief: „Es ist vollbracht!". Alle Sünde hat uns Jesus durch Seinen Tod am Kreuz vergeben. Wir können und müssen zu unserem ewigen Heil nichts hinzufügen. Genau diese Kernaussage der Heiligen

Schrift wird von Irrlehrern und falschen Propheten bestritten oder relativiert.

Anstifter und Eingeber aller Irrlehre und falscher Prophetie ist der Teufel, der Vater der Lüge. Die Bibel wird von Irrlehrern oft auf abenteuerliche Weise umgedeutet.

Besonders verführerisch bei Irrlehren ist, dass sie Wahrheit mit Lüge vermischen – hier ein Körnchen Wahrheit, da ein Körnchen Lüge. Diese gefährliche Mischung verleidet die Menschen dazu, diesen Irrlehren dann doch zu vertrauen. Ich erhielt einmal eine Zeitschrift, die zu 80 Prozent Gutes enthielt. Aber bei genauerem Lesen traten plötzlich falsche Lehren zu Tage. So liest man bei vielen falschen Lehren zunächst viel Gutes und plötzlich stößt man auf die Irrlehren. So wird z.B. das dreieinige Wesen Gottes, die Gottessohnschaft Jesu Christi, die ewige Verdammnis bestritten und vieles andere, was zur biblischen Lehre gehört.

Des Weiteren tragen Irrlehrer und falsche Propheten Zukunftsvoraussagen mit göttlichem Offenbarungsanspruch vor: „Ich, der HERR, sage euch…", lautet dann die Eingangsformel. Ein ungeheurer Anspruch, der von Irrlehrern missbräuchlich erhoben wird.

Ich bin überzeugt, dass die Bibel uns alles lehrt, was für unser Heil jetzt und in der Ewigkeit notwendig ist. Wir brauchen neben der Bibel keine Zusatzoffenbarungen! Die Irrlehrer sagen meist nicht: „Ich habe aus der Bibel das und das erkannt…", sondern eben: „Ich, der HERR, sage euch…" Bei Benutzung dieser Formel gilt es ganz streng zu prüfen, ob diese Botschaft wirklich vom HERRN kommt oder von einem selbst angemaßten Geist. Vor allem in pfingstlichen und charismatischen Kreisen, in der so genannten „Prophetenbewegung" finden sich oftmals solche Behauptungen und Anmaßungen einer direkten Inspiration (Eingabe Gottes).

Die Lügen der falschen Propheten sind oft in schöne Worte und Versprechungen verpackt. Dies ist auch kein Wunder, denn der Teufel selbst tarnt sich, wie wir in 2. Korinther 11,14 lesen, als Engel des Lichts - und seine Diener verstellen sich als Diener der Gerechtigkeit. Hier müssen wir besonders wachsam sein!

Die Lehren der falschen Propheten enthalten oftmals ein falsches Evangelium von Frieden, Liebe, Harmonie, Einheit und Toleranz, was geradezu kennzeichnend für die Endzeit ist: Die große Hure verbindet sich in der Weltökumene mit der Weltregierung. Später, wenn der Antichrist sie, die Hure Babylon, nicht mehr braucht, wird sie dann von ihm abgeschüttelt und fallen gelassen (siehe Offenbarung 17 und 18). In der Endzeit sollen Religion und Politik miteinander zu einer antichristlichen Einheit verschmelzen. Wer da nicht mitmacht, wird ausgegrenzt, verachtet, verleumdet, in die Arbeitslosigkeit entlassen, verfolgt. Das falsche Toleranz- und Friedensevangelium wird heute besonders von einflussreichen politischen und kirchlichen Gremien, etwa im Rahmen der Ökumene verkündigt: „Einheit, Einheit über alles!“ Nicht mehr „Jesus allein“, sondern „Jesus und…“ wird propagiert! (Bei diesem „und“ kann man dann alle Irrlehren einsetzen!)

Ich möchte mit einer Warnung aus Gottes Wort schließen: In 1. Petrus 5,8 steht: *Seid nüchtern und wacht! Denn euer Widersacher, der Teufel* (der Vater der Lüge), *geht umher wie ein brüllender Löwe und sucht, wen er verschlingen kann. Dem widersteht, fest im Glauben gegründet, und wisset, dass dieselben Leiden über eure Brüder in der Welt gehen.* Amen.

Wir beten: *Lieber HERR Jesus, wir danken Dir, dass Du der Weg, die Wahrheit und das Leben bist, dass wir uns auf Dich absolut verlassen können. Öffne Du uns die Augen, dass wir erkennen, wo auf dieser Welt und auch in der Gemeinde die Lüge Einzug gehalten hat. Lehre uns, die Geister zu unterscheiden. Bewahre uns vor den Fallstricken des Teufels. Behüte uns auf dem schmalen Weg, der zum Himmelreich führt. Segne unser Hören auf Dein Wort und hilf uns, dass wir das Ziel erreichen, bei Dir in Ewigkeit sein zu dürfen. Dir sei Lob und Ehre in Ewigkeit. Amen.*

Eine Frau nach Gottes Plan

Die Worte einer Mutter

Wir betrachten die Worte Lemuels, des Königs von Massa, die ihn seine Mutter lehrte. So lautet der erste Vers von Sprüche 31, gewissermaßen als Überschrift über das Kapitel. Es sind uns also hier die Worte von Lemuels Mutter überliefert. Dies wollen wir beim Lesen des Kapitels im Hinterkopf behal-

ten! Man vermutet, dass Lemuel vielleicht ein anderer Name für den König Salomo war und dass Salomo sich hier durch die Nennung eines anderen Namens etwas zurückgenommen hat.

Sprüche 31,1 ff: *Dies sind die Worte Lemuels, des Königs von Massa, die ihn seine Mutter lehrte. Was, mein Auserwählter, soll ich dir sagen, was, du Sohn meines Leibes, was, mein erbetener Sohn? Lass nicht den Frauen deine Kraft und geh nicht die Wege, auf denen sich die Könige verderben!*

Hier wird Lemuel – und auch jeder andere Mann - (von seiner Mutter) zunächst einmal vor solchen Frauen gewarnt, die keine guten und treuen Frauen sind, die den Mann nur um sein Geld, seine Kraft und seine Ehre bringen. Sie werden den Königen zum Verderben, aber auch allen anderen Männern, die sich auf solche Frauen (z.B. Ehebrecherinnen und Prostituierte) einlassen.

Aufruf zur Nüchternheit

Es folgen weitere Warnungen von Lemuels Mutter vor dem Verderben eines Königs und Herrschers, eines jeden verantwortlichen Mannes überhaupt: *Nicht den Königen, Lemuel, ziemt es, Wein zu trinken, nicht den Königen, noch den Fürsten starkes Getränk! Sie könnten beim Trinken des Rechts vergessen und verdrehen die Sache aller elenden Leute.* Ein König soll nicht im Rauschzustand Urteile fällen, sondern nüchtern, sachlich und gerecht richten.

Gebt starkes Getränk denen, die am Umkommen sind, und Wein den betrübten Seelen, dass sie trinken und ihres Elends vergessen und ihres Unglücks nicht mehr gedenken. Früher gab es kein Morphium oder ähnlich starke Betäubungsmittel für Menschen, die große Schmerzen litten und z.B. an Krebs dahinsiechten. Für diese konnte Alkohol eine Betäubung der Schmerzen bringen. Aber jemand, der Aufgaben wahrnimmt, vor allem Aufgaben im Reich Gottes, der sollte sich nicht mit Alkohol – mit übermäßigem Alkoholkonsum – den Verstand abtöten.

Aufruf zur Nächstenliebe

Tu deinen Mund auf für die Stummen und für die Sache aller, die verlassen sind. Tu deinen Mund auf und richte in Gerechtigkeit und schaffe Recht dem Elenden und Armen. Der König soll bei all seiner Größe (und gerade wegen seiner Größe!) den Elenden, den Geringen und Armen nicht vergessen, sondern für die Sache dessen sorgen, für den sonst keiner spricht. Auch heute, auch in unserem Land wird oft der „kleine Mann" vergessen. Je höher ein Politiker steigt, desto größer wird die Gefahr, dass er in die eigene Tasche wirtschaftet. Nicht alle großen Politiker tun dies, aber die Tendenz ist leider steigend.

Das Loblied auf die tüchtige Frau

Nun folgt in Sprüche 31, 10 ff das berühmte „Loblied auf die tüchtige Frau". Es besteht aus 22 Versen, welche im hebräischen Urtext - jeweils absteigend – mit den 22 Konsonanten des hebräischen Alphabets beginnen: Der erste Vers beginnt also mit dem ersten hebräischen Konsonanten bis hin zum 22ten Vers, der mit dem letzten hebräischen Konsonanten anfängt. In der deutschen Übersetzung kann man das leider so nicht wiedergeben. In der Lutherübersetzung beginnen die Verse meistens mit „S" oder „I", gemäß den Wörtern „sie" bzw. „ihr". So ist dieses Loblied auf die tüchtige Frau im Hebräischen noch kunstvoller gedichtet, als es die deutsche Übersetzung wiederzugeben vermag.

Sprüche 31,10 ff: Wem eine tüchtige Frau beschert ist, die ist viel edler als die köstlichsten Perlen. Ihres Mannes Herz darf sich auf sie verlassen, und Nahrung wird ihm nicht mangeln. Sie tut ihm Liebes und kein Leid ihr Leben lang. Sie geht mit Wolle und Flachs um und arbeitet gerne mit ihren Händen. Sie ist wie ein Kaufmannsschiff; ihren Unterhalt bringt sie von ferne. Sie steht vor Tage auf und gibt Speise ihrem Hause, und dem Gesinde, was ihm zukommt. Sie trachtet nach einem Acker und kauft ihn und pflanzt einen Weinberg vom Ertrag ihrer Hände. Sie gürtet ihre Lenden mit

Kraft und regt ihre Arme. Sie merkt, wie ihr Fleiß Gewinn bringt; ihr Licht verlischt des Nachts nicht. Sie streckt ihre Hand nach dem Rocken, und ihre Finger fassen die Spindel. Sie breitet ihre Hände aus zu dem Armen und reicht ihre Hand dem Bedürftigen. Sie fürchtet für die Ihren nicht den Schnee; denn ihr ganzes Haus hat wollene Kleider. Sie macht sich selbst Decken; feine Leinwand und Purpur ist ihr Kleid. Ihr Mann ist bekannt in den Toren, wenn er sitzt bei den Ältesten des Landes. Sie macht einen Rock und verkauft ihn, einen Gürtel gibt sie dem Händler. Kraft und Würde sind ihr Gewand, und sie lacht des kommenden Tages. Sie tut ihren Mund auf mit Weisheit, und auf ihrer Zunge ist gütige Weisung. Sie schaut, wie es in ihrem Hause zugeht, und isst ihr Brot nicht mit Faulheit. Ihre Söhne stehen auf und preisen sie, ihr Mann lobt sie: „Es sind wohl viele tüchtige Frauen, du aber übertriffst sie alle." Anmut ist trügerisch und Schönheit vergeht; aber eine Frau, die den HERRN fürchtet, die wird gelobt werden. Gebt ihr von den Früchten ihrer Hände, und ihre Werke werden sie rühmen in den Toren!

Mit diesem Loblied auf die tüchtige Frau klingt das Buch der Sprüche aus. Wenn mit Lemuel Salomo gemeint ist, so ist diese Unterweisung an jemand geschrieben, der tausend Frauen hatte. Lemuels Mutter aber hat ihren Sohn ermahnt, eine einzige Frau zu ehren. Dieses Loblied auf die tüchtige Frau ist uns auf jeden Fall überliefert als Gottes Wort. Wenn Salomo dieses Loblied geschrieben hat, so besteht Hoffnung, dass er im Alter doch noch von manchen Irrwegen umgekehrt ist, und über seine Lust, die ihn zum Götzendienst verführte, Buße getan hat.

Zunächst möchte ich nun eine geistlich gesinnte, also eine gläubige Frau einer ungeistlich, fleischlich gesinnten, also ungläubigen Frau gegenüberstellen. (Eine ungeistliche Frau kann sich – wie auch ein ungeistlicher Mann – fromm geben, ohne wirklich gläubig zu sein!)

Die geistlich gesinnte Frau ehrt Gott

Sie ist gottesfürchtig, gläubig und wiedergeboren. Der Geist Gottes wohnt in ihrem Herzen. Eine ungeistlich gesinnte

Frau dagegen ehrt sich selber, ihre eigene Lust und ihr eigenes Vergnügen, den Mammon, das Geld, den Luxus. Sie ist sehr auf das Äußerliche bedacht. Sie schaut nicht besonders auf die inneren Werte.

Dies ist der erste Gegensatz: Ehrt eine Frau Gott oder sich selbst (ihre eigene Lust, Geld, äußeres Erscheinungsbild)? Das heißt nun nicht, dass die geistliche Frau ihr äußeres Erscheinungsbild vernachlässigen sollte. Aber sie legt nicht den größten Wert darauf. Im Neuen Testament wird beschrieben, was die geistliche Frau – im Inneren und im Äußeren - ausmacht. So lesen wir im 1. Timotheus 2,9 ff: ***Ebenso*** (will ich) ***auch, dass sich die Frauen in ehrbarem Anstand mit Schamhaftigkeit und Zucht schmücken, nicht mit Haarflechten oder Gold oder Perlen oder aufwändiger Kleidung, sondern durch gute Werke, wie es sich für Frauen geziemt, die sich zur Gottesfurcht bekennen.***

Es folgen im 1. Timotheusbrief noch einige Angaben zum Verhalten der Frau in der christlichen Gemeinde. So soll sie nicht gemeindeleitend und gemeindelehrend tätig sein. Sie darf von ihrem Glauben Zeugnis geben und beten. Sie soll aber über die christliche Lehre in der Stille und in der Unterordnung unter den Mann lernen. Dies sei nur am Rande erwähnt, obwohl auch dieser Punkt, die Stellung der Frau in der Gemeinde, sehr wichtig ist, wenn wir die heutige Gemeindesituation der Christenheit betrachten, in welcher diese von der Bibel geforderte Unterordnung der Frau mehr und mehr missachtet wird. So kommen wir nun zum nächsten Merkmal:

Die geistlich gesinnte Frau ehrt ihren Mann und ordnet sich ihm unter in dem HERRN

Die ungeistlich gesinnte Frau dagegen emanzipiert sich von ihrem Mann und von allem, was sie ihrer Meinung nach einschränken könnte. Im Epheserbrief, Kapitel 5, finden wir grundlegende Richtlinien für das gegenseitige Verhältnis von Mann und Frau. Zunächst einmal ist zu sagen, dass Mann und Frau in der Ehe EINS sind, EIN Fleisch werden. Dies bedeutet, dass die Bibel beide Ehepartner im Blick hat, wenn sie über EINEN der beiden spricht. So hat auch der Mann die Verpflichtung zu einem liebevollen Umgang mit seiner Frau. Wir lesen in Epheser 5,21: *... ordnet euch einander unter in der Furcht Gottes!* Für Christen gilt generell, dass die Furcht des HERRN über allem zu stehen hat und wir uns so gegenseitig und vor allem dem HERRN unterordnen.

Aber es gibt für den Mann eine besondere Stellung als Haupt der Familie, so wie Jesus Christus das Haupt der Gemeinde ist. Wie Christus das Haupt der Gemeinde ist, so soll der Mann das Haupt der Frau sein. So lesen wir in Epheser 5,22 ff: ***Ihr Frauen ordnet euch euren eigenen Männern*** (dem eigenen Mann!) ***unter als dem Herrn; denn der Mann ist das Haupt der Frau, wie auch der Christus das Haupt der Gemeinde ist; und er ist der Retter des Leibes. Wie nun die Gemeinde sich dem Christus unterordnet, so auch die Frauen ihren eigenen Männern in allem.*** Soweit betrifft es die Frau.

Nun folgt der Appell an die Männer: ***Ihr Männer, liebt eure Frauen, gleichwie auch der Christus die Gemeinde geliebt und sich selbst für sie hingegeben hat.*** Der Mann soll also die Hingabe praktizieren, was bestimmt ebenso schwer ist wie die Unterordnung! Unterordnung der Frau und Hingabe des Mannes sind geistliche Geschenke, um die wir bitten dürfen. Im Vers 33 steht dann: ***Doch auch ihr - jeder von euch liebe seine Frau so wie sich selbst; die Frau aber erweise dem Mann Ehrfurcht!*** Diese Belehrung müsste man all denen sagen, die heute der Emanzipationswelle verfallen sind. Auch die Männer sind ja heute vielfach von der Welle der Selbstverwirklichung erfasst, so dass sie nicht mehr die von der Bibel geforderte Liebe zu ihrer Frau praktizieren. Beide Geschlechter, Mann und Frau, müssen, sollen und dürfen von Gottes Wort wieder ganz neu lernen, ihre Geschlechterrolle biblisch zu begreifen und zu leben.

Die geistlich gesinnte Frau korrigiert ihren Mann liebevoll

Dies ist in Sprüche 31 sinngemäß enthalten: *Ihres Mannes Herz darf sich auf sie verlassen, und Nahrung wird ihm nicht mangeln. Sie tut ihm Liebes und kein Leid ihr Leben lang.* Das beinhaltet, dass sie ihrem Mann eine gute Ratgeberin und eine notwendige Korrektur ist. Wir Männer dürfen unsere Frauen um Rat fragen. Unsere Entscheidung müssen wir dann zwar selbst treffen, aber nach Möglichkeit in Abstimmung mit unserer Frau. Auf jeden Fall sollen wir unsere Frau in unseren Entscheidungen nicht übergehen – wie es leider oft geschieht –, sondern sie mit einbeziehen. Es ist eine große Not, dass Ehepaare oft gar nicht mehr miteinander reden. Nein, wir sollen und dürfen uns als Mann und Frau miteinander absprechen und uns auf der Grund-

lage des Wortes Gottes beraten. – Eine ungeistlich gesinnte Frau dagegen beschimpft ihren Mann oder lässt ihn links liegen. Ihr liegt nichts daran, ihren Mann liebevoll zu korrigieren.

Die geistlich gesinnte Frau erzieht ihre Kinder in Ehrbarkeit, Liebe und Zucht mit dem Ziel der Gottesfurcht und der Bekehrung

Den Glauben an Christus können wir nicht anerziehen, aber wir können den Kindern die Gottesfurcht ans Herz legen. Wenn wir das in liebender Weise tun, kann später dieser Same aufgehen und sie können durch die Gnade des HERRN die Wiedergeburt (gemeint ist der Glaube an Jesus Christus) erlangen. Natürlich ist es enorm wichtig, für die Kinder zu beten.

Nicht nur die Frau erzieht die Kinder, sondern auch der Mann. Dieser stiehlt sich aber leider oft aus der Erziehungsverantwortung heraus, weil er berufstätig und außer Haus ist. Aber auch die Männer sollten für die Kinder präsent (anwesend) sein, wenn sie zu Hause sind. Dies fiel auch mir nicht immer leicht, aber es ist sehr wichtig, dass man sich als Mann für die Kinder Zeit nimmt: Dass man zum Beispiel dabei ist, wenn die Kinder zu Abend essen, spielen und ins Bett gebracht werden, ihnen eine Geschichte vorliest und mit ihnen betet. Dies kann manchmal durch berufsbedingte Sitzungen ausfallen, aber die Abwesenheit des Mannes von der Familie darf nicht überhand nehmen. So sollen Mann und Frau die Kinder gemeinsam anhaltend in Liebe und Zucht erziehen. -

Eine ungeistliche Frau, ungeistliche Menschen überhaupt, lassen ihren Kindern freien Lauf oder misshandeln sie. Die antiautoritäre Erziehung nennt man auch „Laissez faire“-Erziehung: Aus dem Französischen: „Lasst sie machen!“ Manche Erziehungskonzepte gehen vom Guten im Herzen der Kinder aus, welches angeblich das Kind auch ohne Erziehung sich positiv entfalten lässt. Die Bibel aber lehrt uns, dass das Dichten und Trachten des menschlichen Herzens böse ist von Jugend auf (1. Mose 8,21). Ein Dichter schreibt: „Tugend will ermuntert sein, Bosheit lernt man von allein.“ Ungeistliche Menschen lassen ihren Kindern freien Lauf, weil ihnen letztendlich egal ist, was aus diesen wird. Ihre Kinder werden dann genau so haltlos wie sie selbst. Wenn man bei Kindern alles durchgehen lässt, tanzen sie einem schließlich auf der Nase herum und es ist zu spät, um noch erzieherisch auf sie einzuwirken. Ich weiß aus eigener Erfahrung, dass es Kraft kostet, erzieherisch einzugreifen, und manchmal fehlt sie einem. Aber es liegt ein großer Segen darauf, wenn wir uns bemühen, unsere Kinder nach der Bibel zu erziehen. Eine ungeistliche Frau – genauso wie ein ungeistlicher Mann - aber lässt den Kindern freien Lauf oder erzieht sie sogar zur Gottlosigkeit.

Die geistlich gesinnte Frau erfüllt fröhlich ihre Arbeit in Haus und Familie

Dies wird in Sprüche 31 ausführlich beschrieben: *Sie macht Decken und warme Kleider für den Winter; sie ist wie ein Kaufmannsschiff und geht mit Wolle und Flachs um.* Überhaupt arbeitet sie gerne mit ihren Händen.

Nun gibt es natürlich die Ausnahme, dass die Frau krank ist. Dann dürfen wir uns als Mann nicht auf solche Bibelstellen berufen und sie zur Arbeit antreiben. In Krankheitszeit müssen wir uns als Ehepartner besonders beistehen. Aber auch in gesunden Zeiten sollen die Ehepartner sich gegenseitig bei ihrer Arbeit helfen. Sicherlich ist die biblische Aufgabenverteilung so eingerichtet, dass der Mann eher außer Haus beruflich arbeitet und die Frau eher im Haus aktiv ist. Und doch darf man das nicht zu starr sehen. Oft wird die Kraft und der Rat des Mannes auch im Haushalt benötigt und die Hilfe der Frau im beruflichen Leben. Die geistliche Frau erfüllt also fröhlich ihre Arbeit in Haus und Familie.

Die ungeistliche Frau dagegen murrt über ihre Arbeit in Haus und Familie. Sie fühlt sich überhaupt nicht wohl in den Tätigkeiten, die Gottes Wort in Sprüche 31 beschreibt. Sie vernachlässigt den Haushalt und sucht ihre Verwirklichung anderswo. Nun verbietet meines Erachtens das Wort Gottes der Frau nicht die Ausübung eines Berufes. Aber wir sollten, auch wenn wir

ins Berufsleben eingebunden sind, weder als Mann noch als Frau unsere Familie zu Hause vernachlässigen. Wir sollten nicht über das murren, was zu Hause getan werden muss, was uns eben als Erstes (oft im wahrsten Sinne des Wortes!) vor den Füßen liegt und unsere erste Aufgabe ist.

Die geistlich gesinnte Frau stellt sich in der Öffentlichkeit hinter ihren Mann

Ihr Mann ist bekannt in den Toren, wenn er sitzt bei den Ältesten des Landes. Sie fördert den Mann, wenn er eine wichtige Aufgabe wahrnimmt und fällt ihm nicht in den Rücken durch Verleumdung oder Verbot dieser Tätigkeit.

Eine ungeistliche Frau dagegen verleumdet ihren Mann und zerstört seine Tätigkeit nach außen. Dies sollte nicht sein. Mann und Frau sollen zusammenstehen in ihrem Auftrag in der Gesellschaft und in der christlichen Gemeinde.

Die geistlich gesinnte Frau ist ihrem Mann treu

Dies beschreibt uns das Wort Gottes immer wieder ausführlich. Eine ungeistliche, eine fleischliche Frau dagegen bricht ihrem Mann die Treue, treibt Unzucht und begeht sogar Ehebruch.

Das Buch der Sprüche umfasst beinahe drei Kapitel, die von Ehebruch und Unzucht handeln. In Sprüche 2,16 ff wird vor Abwegen (besonders vor der Unzucht) gewarnt: *... damit du auch errettet wirst von der Verführerin, von der fremden Frau, die glatte Worte gibt; die den Vertrauten ihrer Jugend verlässt und den Bund ihres Gottes vergisst; denn ihr Haus führt hinab zum Tod und ihre Bahn zu den Erschlafften; alle, die zu ihr eingehen, kehren nicht wieder zurück, sie erreichen die Pfade des Lebens nicht mehr.*

Ähnlich steht in Sprüche 5,3 ff zu lesen: *Denn von Honig triefen die Lippen der Verführerin, und glatter als Öl ist ihr Gaumen, aber zuletzt ist sie bitter wie Wermut, scharf wie ein zweischneidiges Schwert.* Positiv hingegen wird in Sprüche 5,15 ff über die Ehe geschrieben: *Trinke Wasser aus deiner eigenen Zisterne und Ströme aus deinem eigenen Brunnen!* Dies ist ein schönes Bild für die eheliche Liebe und Treue.

In Sprüche 7 wird dann ausführlich die Warnung vor einer ehebrecherischen Frau ausgemalt, die den Jüngling in ihr Haus hinein lockt und zum Ehebruch verführt. Sprüche 7,18 ff: *Sie spricht zu ihm: „Komm, wir wollen uns an Liebe berauschen bis zum Morgen, uns an Liebkosungen erfreuen! Denn der Mann ist nicht zu Hause, er ist auf eine weite Reise gegangen; er hat den Geldbeutel mitgenommen und kommt erst am Tag des Vollmonds wieder heim!" Durch ihr eifriges Zureden verleitete sie ihn und riss ihn fort mit ihren glatten Worten, so dass er ihr plötzlich nachlief, wie ein Ochse zur Schlachtbank geht, und wie ein Gefesselter zur Bestrafung der Toren, bis ihm der Pfeil die Leber spaltet; wie ein Vogel hastig ins Netz hineinfliegt und nicht weiß, dass es ihn sein Leben kostet!*

An anderer Stelle in der Bibel wird betont, dass die Rache des betrogenen Ehemannes durch nichts gestillt werden kann, weder durch Geld noch durch Entschuldigungen. Weiter lesen wir dort, dass die Hure den Mann (nur) um das Geld, der Ehebruch ihn aber um sein Leben bringt. Spr. 6,29ff. Auch vor dieser Steigerung der Unzucht warnt die Heilige Schrift. Wenn man von diesen Sünden nicht umkehrt und darüber Buße tut, bringen sie einen letztendlich auch um das ewige Leben.

Das Haus der geistlichen Frau ist ein Zufluchtsort für Notleidende und Arme

Auch dieser Aspekt wird uns in Sprüche 31 wunderbar deutlich gemacht: *Sie breitet ihre Hände aus zu dem Armen und reicht ihre Hand dem Bedürftigen.* Sie denkt also auch an die Menschen, die „draußen" sind, außerhalb der eigenen Familie und hilft ihnen – „reicht ihnen die Hand".

Hierzu steht in Hebräer 13,2 ff zu lesen: G*astfrei zu sein, vergesst nicht; denn dadurch haben einige ohne ihr Wissen Engel beherbergt.* Dieser Vers ist ein Gebot für die geistlich gesinnte Frau, ja für die geistlich gesinnte Ehe! Als Christen sollen wir gastfrei sein, dem Bedürftigen die helfende Hand reichen und unser Haus für Menschen öffnen, die in Not sind, so dass es ein geistlicher Zufluchtsort ist.

Das Haus der ungeistlichen Frau dagegen ist ein Tummelplatz für irdische Vergnügungen und oberflächlichen eigenen Genuss, so wie wir es in Sprüche Kapitel 2, 5 und 7 gehört haben.

Das Ziel der geistlich gesinnten Frau ist das ewige Leben in der himmlischen Herrlichkeit

Das Ziel bzw. das Ende der ungeistlichen Frau dagegen ist das Reich der Verdammnis, die Hölle.

Soweit einige Unterschiede zwischen der geistlichen und der ungeistlichen Frau.

Wie sieht deine Ehe aus?

Pastor Ernst Modersohn hat die Ehe in vier Güteklassen eingeteilt. Nach der ersten Klasse leben die Eheleute *gegeneinander.* Das ist schlimm. Man hat sich zwar noch nicht geschieden, aber man lebt gegeneinander. Dies ist im Grunde keine Ehe. Da herrscht immer dicke Luft und ständiger Kampf. Das Glück ist zerbrochen und die Liebe zueinander erkaltet. Leider gibt es heutzutage eine zunehmende Zahl solcher unglücklicher Ehen.

Nach der zweiten Klasse oder Gütestufe ist die Ehe etwas besser: Man lebt *nebeneinander,* nicht frontal (als Gegner) sondern gewissermaßen parallel. Das heißt, dass man nicht miteinander streitet, sich aber auch nicht einander mitteilt. Man weiß gar nicht und interessiert sich auch nicht dafür, was den anderen bewegt, was er bzw. sie denkt oder ihn erfreut. Es handelt sich hier um ein nahezu stummes Leben in zwei Abteilungen (Mann und Frau) nebeneinander her: Eine Atmosphäre der Einsamkeit mitten in der Ehe (also der eigentlich gedachten Zweisamkeit)! Dieser Zustand ist sehr traurig und nur ein Zerrbild der von Gott gedachten Ehe, fern vom gemeinsamen Glück. Es herrscht dort zwar kein Krieg wie in der ersten Klasse, aber es gibt in einem solchen kalten Nebeneinander keine wirkliche Einheit, keine Harmonie.

Die dritte Güteklasse der Ehe nach Modersohn ist schon wesentlich besser als ihre beiden Vorgänger: Man lebt *miteinander.* Man arbeitet miteinander, man verdient das Geld miteinander, man kauft sich die Möbel miteinander und schafft sich miteinander

Kinder an. Man spricht sich auch ab und übergeht einander nicht. Schon für so eine Ehe kann man dankbar sein und sie ist viel wert.

In der vierten Güteklasse, der besten Eheform, lebt man *füreinander.* Man ist füreinander da unter dem Gesichtspunkt: Nicht ich, sondern Du! Diese Ehe wird gemäß Philipper 2,3 geführt: *... in Demut achte einer den andern höher als sich selbst!* Das bedeutet, dass wir den anderen über unser eigenes Ich stellen und dass wir eine opferbereite Haltung für den anderen einnehmen. Diese beiderseitige Haltung wird in Epheser 5,21 ff so ausgedrückt: *Ordnet euch einander unter in der Furcht Christi. Ihr Frauen, ordnet euch euren Männern unter wie dem Herrn. ... Ihr Männer, liebt eure Frauen, wie auch Christus die Gemeinde geliebt hat und hat sich selbst für sie dahingegeben.*

Selbstlose Liebe

Die göttlich verstandene Ehe ist eine Gemeinschaft zwischen Mann und Frau in Liebe und Eintracht. Die wahre Liebe ist die göttliche Liebe, auf Griechisch: Ágape, die besonders in dem Opfertod Jesu Christi zum Ausdruck kommt. In Seiner Selbstlosigkeit hat Gott sich selbst in Jesus als Sühneopfer für unsere Sünden dahingegeben. Wenn wir diese göttliche Liebe durch Buße und Glauben in unserem Leben erfahren, dann - und nur dann – können wir auch in der Ehe ein wirklich glückliches Leben in wahrer gegenseitiger Liebe, eben in der göttlichen Agape (sich hingebende Liebe), führen. Dann leben wir in der Ehe nicht mehr nach dem Motto: „Erst ich, dann du", sondern umgekehrt: „Erst du, dann ich".

So schreibt Ernst Modersohn: „...Ich liebe dich, ich helfe dir, ich mache dich glücklich. Ich will den untersten Weg gehen. Ich will verzichten. Ich will vergeben und vergessen. Diese Haltung ist ein Kampf. Ein Kampf gegen das eigene Ich! Dieser Kampf ist nicht einfach. Aber er ist der Weg, wie man sich in der Ehe (und auch in der Gemeinde und der Familie) gegenseitig beschenken und glücklich machen kann." Wenn ich anfange, demütig (dienmutig) zu lieben, wird der andere das bemerken und gleichziehen. Dies sei zur Ermutigung gesagt, diesen Weg zu gehen. Göttliche Liebe ist selbstlos und fragt nicht nach Gegenliebe. Sie bewirkt aber Gegenliebe!

„Flucht" ins Wirtshaus

Abschließend zu diesem Thema möchte ich eine Geschichte wiedergeben, die auch Ernst Modersohn berichtet hat:

Es saßen etliche Trinker zusammen im Wirtshaus, so wie es ja auf Dörfern und in Städten vorkommt: Man spricht über alles Mögliche, z. B. über die politische Entwicklung. Je mehr Alkohol man trinkt, desto leichter kommt man auf andere „Themen". Schließlich sprachen die Männer auch über ihre Frauen, die sie zu Hause hatten. -

Hier möchte ich einflechten, dass ich auch jemanden kenne, der sobald er nach Hause kommt, ein hartes Wort von seiner Frau hört und dann ins Wirtshaus „flüchtet". Dies geschieht jeden Abend. Er führt keine glückliche Ehe. So ein Verhalten erfordert von Seiten der Frau viel Geduld. Vielleicht hat aber auch sie etwas an ihrem Mann versäumt und sollte ihm noch mehr Liebe und Verständnis erweisen. Man muss immer erst sich selbst fragen: Wo kann ich mich ändern? Den anderen, den Partner können wir kaum ändern, ihn kann nur der HERR verändern. Auch mich selbst kann nur Jesus verändern, mit meiner Kraft und meinen Vorsätzen erreiche ich auch bei mir nichts. Auf jeden Fall sollte jeder bei sich selbst anfangen, nach Veränderung in Jesu Bild zu streben. So sollen wir erst für uns selbst um Veränderung beten und dann für den anderen. So heißt es in einem Gebet um Veränderung in Gottes Liebe: „...und fange bei mir an!"

Eine Wette

Weiter Modersohns Geschichte:

Nun kamen die Männer im Wirtshaus also auf ihre Frauen zu sprechen. Die meisten äußerten, dass ihre Frauen fluchen würden und sie beschimpften, wenn sie so spät und betrunken nach Hause kämen. Auch würden sie von ihren Frauen verachtet (was man ja vielleicht verstehen kann. Anm. Verf.). Einer aber sagte nichts über seine Frau. Als die anderen ihn befragten, antwortete er, dass seine Frau anders wäre. Er hätte keinen Grund, sich über seine Frau zu beklagen. Wenn er nach Hause käme, gäbe sie ihm kein einziges böses Wort. Da lachten die anderen Männer und sagten, dass sie das nicht glauben würden. Sie würden das ganz anders erleben und so ein Verhalten gäbe es nicht.

Er aber behauptete, wenn er spät und betrunken nach Hause käme und würde dann seine Frau sogar noch um einen Kaffee bitten, so würde sie dies ohne Murren tun. Zuerst verspotteten sie ihn. Als er aber auf seiner Aussage beharrte, wetteten sie und vereinbarten, mit ihm zu gehen, um sich selbst zu überzeugen. So gingen sie alle, so betrunken wie sie waren, zu seinem Haus.

Was durchhaltende Liebe vermag

Als sie bei ihm ankamen, war seine Frau schon im Bett. Als sie aufstand, sagte ihr Mann, dass sie ihm und seinen Kumpels noch einen Kaffee machen solle, damit sie wieder wach würden. Und tatsächlich: Sie gab ihm kein böses Wort, sondern ging in die Küche und brachte nach einer Weile mit freundlichem Gesicht den dampfenden Kaffee. (Hätten wir auch so gehandelt? Anm. Verf.).

Da fingen die Männer an, sich vor der stillen und sanften Frau zu schämen. Schließlich fragte einer von ihnen die Frau, warum sie nur so freundlich zu ihnen wäre, wo sie doch sehen würde, wie betrunken und verkommen sie seien. Da sagte die Frau: „Ich sehe mit Schmerzen, dass mein Mann tut, was er kann, um sich zu ruinieren. Er hat nur EIN Leben. Ein ewiges Leben gibt es ja für Trinker nicht (wenn sie nicht umkehren. Anm. Verf.). Da möchte ich ihm das Erdenleben, das er nun hat, und das er sich obendrein noch selber verkürzt (durch seinen Alkoholismus. Anm. Verf.), dann wenigstens noch so angenehm wie möglich machen."

Dies war sicherlich eine gläubige Frau, die von der göttlichen Liebe bewegt war. Eine ungeistliche Frau hätte das nicht sagen können. Die Männer verließen dann das Haus. Sie hatten trotz ihrem vernebelten Kopf die Rede der Frau verstanden und waren beschämt. Ihr Mann aber fragte seine Frau, ob ihr wirklich so viel an seinem Seelenheil liege. Da sah er ihre verweinten Augen und es traten ihm dann selbst die Tränen hervor. Er bereute seine Schuld und ging auf die Knie, tat Buße und wurde ein anderer Mensch, indem er Jesus als Heiland und HERRN annahm.

Soweit die Begebenheit, die Ernst Modersohn erzählte und die wirklich passiert ist.

So gibt es immer wieder Glaubenshelden und Glaubensheldinnen. Auch uns kann der HERR schenken, dass wir die Feinde lieben. Die Liebe dieser Frau war ja eine Feindesliebe,

denn nach menschlichem Ermessen hätte man so einen „Wiederholungstäter" nicht mehr geliebt. Aber dieser Mann ist durch die selbstlose Liebe seiner Frau und damit durch Gottes Liebe verändert worden. Amen.

Wir beten: *Lieber HERR Jesus, Du hast uns als Mann und als Frau geschaffen. Wir bitten Dich, dass wir Deine Liebe weitergeben können. Du hast uns alle zuerst geliebt. So lass uns Dich wiederlieben und unseren Nächsten wie uns selbst. Danke, HERR, dass Du auch mir eine wunderbare Frau geschenkt hast. In Deinem Namen, HERR Jesus, Amen.*

Jesus Christus, die Weisheit in Person

Sprüche 8:

Ruft nicht die Weisheit laut, und lässt nicht die Einsicht Ihre Stimme vernehmen? Oben auf den Höhen, draußen auf dem Weg, mitten auf den Plätzen hat sie sich aufgestellt; zur Seite der Tore, am Ausgang der Stadt, beim Eingang der Pforten ruft Sie laut: An euch, ihr Männer, ergeht Mein Ruf, und Meine Stimme an die Menschenkinder! Ihr Unverständigen, werdet klug, und ihr Toren, gebraucht den Verstand! Hört, denn Ich habe Vortreffliches zu sagen, und Meine Lippen öffnen sich für aufrichtige Rede. Denn Mein Mund redet Wahrheit, und Meine Lippen verabscheuen Gottlosigkeit. Alle Reden Meines Mundes sind gerecht, es ist nichts Verkehrtes noch Verdrehtes darin. Den Verständigen sind sie alle klar, und wer Erkenntnis sucht, findet sie richtig. Nehmt Meine Unterweisung an und nicht Silber, und Erkenntnis lieber als feines Gold! Ja, Weisheit ist besser als Perlen, und alle Kostbarkeiten sind nicht zu vergleichen mit Ihr.

Ich, die Weisheit, wohne bei der Klugheit und gewinne die Erkenntnis wohl durchdachter Pläne. Die Furcht des HERRN bedeutet, das Böse zu hassen; Stolz und Übermut, den Weg des Bösen und einen verkehrten Mund hasse Ich. Von Mir kommt Rat und Tüchtigkeit; Ich bin verständig, Mein ist die Kraft. Durch Mich herrschen die Könige und erlassen die Fürsten gerechte Verordnungen.

Durch Mich regieren die Herrscher und die Edlen, alle Richter auf Erden. Ich liebe, die Mich lieben, und die Mich eifrig suchen, finden Mich. Reichtum und Ehre kommen mit Mir, bleibende Güter und Gerechtigkeit. Meine Frucht ist besser als Gold, ja feines Gold, und was Ich einbringe, übertrifft auserlesenes Silber. Ich wandle auf dem Weg der Gerechtigkeit, mitten auf den Pfaden des Rechts, damit Ich denen, die Mich lieben, ein wirkliches Erbteil verschaffe und ihre Schatzkammern fülle.

Der HERR besaß Mich am Anfang Seines Weges, ehe Er etwas machte, vor aller Zeit. Ich war eingesetzt von Ewigkeit her, vor dem Anfang, vor den Ursprüngen der Erde. Als noch keine Fluten waren, wurde Ich geboren, als die wasserreichen Quellen noch nicht flossen. Ehe die Berge eingesenkt wurden, vor den Hügeln wurde Ich geboren. Als Er die Erde noch nicht gemacht hatte und die Fluren, die ganze Summe des Erdenstaubes, als Er den Himmel gründete, war Ich dabei. Als Er einen Kreis abmaß auf der Oberfläche der Meerestiefe, als Er die Wolken droben befestigte und Festigkeit gab den Quellen der Meerestiefe, als Er dem Meer seine Schranke setzte, damit die Wasser Seinen Befehl nicht überschritten, als Er den Grund der Erde legte, da war Ich Werkmeister bei Ihm. Ich war Tag für Tag Seine Wonne und freute Mich vor Seinem Angesicht allezeit. Ich freute Mich auf Seinem Erdkreis und hatte Meine Wonne an den Menschenkindern.

Und nun, ihr Söhne, hört auf Mich! Wohl denen, die Meine Wege bewahren! Hört auf Unterweisung, damit ihr weise werdet, und verwerft sie nicht! Wohl dem Menschen, der auf Mich hört, indem er täglich an Meiner Pforte wacht und die Pfosten Meiner Türen hütet! Denn wer Mich findet, der findet das Leben und erlangt Wohlgefallen von dem HERRN; wer MICH aber verfehlt, tut seiner Seele Gewalt an; alle, die Mich hassen, lieben den Tod!

Jesus Christus im Alten Testament

Die Auslegung möchte ich mit einer Frage beginnen: Wann kommt der HERR Jesus Christus in der Bibel zum ersten Mal vor? Ich bin davon überzeugt: schon in 1. Mose 1! Dort finden wir die Worte: *...und Gott sprach...* So wird schon im Anfang der Schöpfung Jesus erwähnt, denn Jesus ist Gott. Wir glauben ja an den dreieinigen Gott. So meint 1. Mose 1,1 ff: Im Anfang schuf Gott: Gott Vater, Sohn und Heiliger Geist! Und in 1. Mose 1,2 ff lesen wir: *Die Erde aber war wüst und leer und es lag Finsternis auf der Tiefe; und der Geist Gottes schwebte über den Wassern.* Hier wird ausdrücklich der Heilige Geist erwähnt. Vor der Erschaffung des Menschen spricht Gott in 1. Mose 1,26: *Lasst uns Menschen machen...* Dieser Gebrauch des Plural deutet ebenfalls auf die Dreieinheit Gottes hin: Vater, Sohn und Heiliger Geist. Der Sohn Gottes, Jesus Christus, ist bei der Erschaffung der Welt der Werkmeister des Vaters. Aus diesem Grunde habe ich das ganze Kapitel 8 der Sprüche an den Anfang meiner Auslegung gestellt, weil wir darin lesen, wie der Sohn Gottes (ohne dass Sein Name, Jesus Christus, direkt fällt) als Person besungen wird: Jesus Christus, die Weisheit in Person.

Zu dem Thema „Jesus Christus, die Weisheit in Person" fällt einem sofort Kolosser 2,1–3 ein: *Ich will aber, dass ihr wisst, welch großen Kampf ich habe um euch und um die in Laodizea und um alle, die mich nicht von Angesicht gesehen haben, damit ihre Herzen ermahnt, in Liebe zusammengeschlossen und mit völliger Gewissheit im Verständnis bereichert werden, zur Erkenntnis des Geheimnisses Gottes, des Vaters, und des Christus, in welchem alle Schätze der Weisheit und der Erkenntnis verborgen sind. ...* alle Schätze der Weisheit: Jesus Christus, der Messias, die Weisheit in Person! Wunderbar!

Weisheit und Torheit laden ein

Ich möchte in der Betrachtung von Sprüche 8 einige Schwerpunkte setzen. Weisheit und Torheit stehen in den Sprüchen einander gegenüber. So lesen wir in Kapitel 9, dass sie beide öffentlich rufen und zum Mahle einladen - die Weisheit und die Torheit! So steht die Weisheit öffentlich am Weg und an der Kreuzung der Straßen. Noch darf Gottes Wort in vielen Ländern öffentlich verkündigt werden. Aber wie lange noch? In manchen

Ländern darf man Gottes Wort nicht mehr öffentlich sagen. Auch in Europa bahnt sich eine Entwicklung an, die bibeltreuen Christen Verfolgung bringen könnte. Aber wir wollen für unsere Politiker beten, dass die dazu beitragen, dass uns die Freiheit erhalten bleibt, Gottes Wort unverkürzt öffentlich zu verkündigen.

Die Weisheit ruft: ***Ihr Unverständigen, werdet klug, und ihr Toren, gebraucht den Verstand!*** Es gibt auch für die Toren Hoffnung, wenn sie bereit sind, Gottes Korrektur anzunehmen und sich Seinem Wort nicht zu verschließen. Wir alle sind von Natur aus Toren und trägen Herzens und haben von uns aus keine Kraft, so zu leben, wie Gott es will, und Ihn zu erkennen. Daher dürfen wir für Menschen, die noch nicht im Glauben stehen, beten, dass der HERR ihnen die Herzensaugen öffnet und sie Seine Kinder werden.

Die Weisheit redet Wahrheit

Hört, denn Ich habe Vortreffliches zu sagen, und Meine Lippen öffnen sich für aufrichtige Rede. Die Weisheit, Gott in Person bzw. Jesus in Person, redet nur, was recht ist. Der Sohn Gottes, Jesus Christus, hat nie ein falsches Wort gesagt. Alles, was Er sagte, war sanftmütig und demütig, aber auch ernsthaft, heilig und gerecht. Keiner von uns Menschen kann das von sich behaupten. Unsere Lippen sind alle fehlbar. Wie schnell denken und reden wir Menschen aneinander vorbei! Unsere Rede ist immer wieder mangelhaft und missverständlich. Wenn aber Gott redet, so redet Er immer ein klares, ein deutliches und ein gerechtes Wort. Ganz im Gegensatz zu unseren schwachen, leider oft auch falschen und falsch verstandenen Worten.

Denn Mein Mund redet Wahrheit, und Meine Lippen verabscheuen Gottlosigkeit. Der Sohn Gottes, Jesus Christus, hat immer, als Er auf Erden war, den Vater verherrlicht. Gerade im Johannesevangelium sind gewaltige und erhebende Reden des Sohnes zum Vater und zu Seinen Jüngern zu finden. Obwohl wir von der Heiligen Schrift nichts bevorzugen oder vernachlässigen sollen, sei vom Johannesevangelium doch gesagt, dass Jesus darin besonders ausführlich und direkt auch zu uns heute redet. Wir werden noch den Anfang des Johannesevangeliums betrachten, weil Johannes 1 gewissermaßen die direkte Fortsetzung von Sprüche 8 ist: *... das Wort wurde Fleisch...*

Die Weisheit ist wertvoller als alle Schätze dieser Welt

Nehmt Meine Unterweisung an und nicht Silber, und Erkenntnis lieber als feines Gold! Alle Schätze der Welt können nicht aufwiegen, was die Unterweisung (Luther: Zucht) des Sohnes uns einbringt. So wollen wir nicht an irdischen Gütern reich werden, sondern lieber an geistlichen Gütern, besonders an Weisheit und Erkenntnis, um selbst ein Leben im Einklang mit Gottes Willen führen zu können, wenn auch in aller Schwachheit.

Weisheit ist besser als Perlen. Sie ist etwas ganz Kostbares und wird somit wertvoller geachtet als die irdischen Kostbarkeiten wie Perlen, Silber und Gold: ... alle Kostbarkeiten sind nicht zu vergleichen mit Ihr...

Die Weisheit ist eine Person

In Sprüche 8,12 ff spricht die Weisheit nun selbst. Wenn die Weisheit nur eine Denkhaltung wäre, könnte Sie nicht sprechen. Weil die Weisheit aber eine Person ist, Jesus Christus nämlich, kann Sie sprechen. Jesus hat schon existiert, bevor Er in Bethlehem geboren wurde und bevor Er im Leib der Maria vom Heiligen Geist gezeugt wurde. Jesus Christus existiert von Ewigkeit her. Deshalb spricht Er auch schon im alten Bund zu uns.

Ich, die Weisheit, wohne bei der Klugheit und gewinne die Erkenntnis wohl durchdachter Pläne. Klugheit ist in gewisser Weise angelernt, Weisheit aber ist Gottes Geschenk. Es ist wunderbar, wenn das, was wir gelernt haben, von der göttlichen Weisheit durchströmt ist und unser irdisches Wissen erleuchtet. Viele haben Theologie studiert und verstehen die Bibel trotzdem nicht, weil ihnen die göttliche Weisheit fehlt. Sie besitzen nur erlerntes Wissen. Wenn Menschen vom Heiligen Geist, vom Geist Gottes, nicht erleuchtet werden, können sie Gottes Wort überhaupt nicht verstehen. Dagegen kann der, der nicht Theologie studiert, aber den Geist Gottes hat, Gottes Wort sehr wohl verstehen. In 1. Korinther 2,6 ff lesen wir, dass geistliche Dinge nur durch den Heiligen Geist erkannt werden. So erleuchtet uns der Heilige Geist, damit wir Gottes Wort verstehen.

Die Weisheit liebt guten Wandel und ehrliche Lippen

Nun folgt der entscheidende Begriff unserer Betrachtung in Sprüche 8,13: *Die Furcht des HERRN...* In Sprüche 1,7 hieß es: *Die Furcht des HERRN ist der Weisheit Anfang.* Die Gottesfurcht! Nun gilt es, alle Lehre mit Gottes Hilfe im Alltag umzusetzen. Die Furcht des HERRN bedeutet, das Böse zu hassen; *Stolz und Übermut, den Weg des Bösen und einen verkehrten Mund hasse Ich.* Im Gegensatz dazu liebt die Weisheit die Demut und die Bescheidenheit. Sie liebt den guten Wandel und ehrliche Lippen. Dem Falschen ist Sie Feind, aber das Wahrhaftige liebt Sie.

Von Mir kommt Rat und Tüchtigkeit; Ich bin verständig, Mein ist die Kraft. Die Weisheit Gottes will nicht nur im Denken, sondern auch im Handeln herrschen. Gott schuf durch Sein Wort! Sein Wort ist Macht, Leben und Bewegung! Unser Leben besteht nicht nur aus Denkvorgängen; wir bestehen aus Geist, Seele und Leib, die Gottes Geist bewegen will. So schafft Gott durch Sein Wort auch heute noch Leben aus dem Tod und gibt Licht in finstere Herzen.

Wort und Tat gehören zusammen

Im Anfang war das Wort (Johannes 1,1). Goethe hat in seinem „Faust" diesen Vers umgeschrieben, indem er den Faust sagen lässt: „Im Anfang war die Tat!“ Aber in Gottes Wort ist die Tat, die Bewegung, enthalten. Das hat Goethe wohl nicht erkannt. Goethe war wohl kein wiedergeborener Christ. So hat er, besonders in „Faust“, viel über den Teufel geschrieben, aber ohne Verständnis seiner wirklichen Gefährlichkeit. Hätte er den Teufel als reale böse Macht erkannt, hätte er ihn nicht so verharmlost.

Wort und Tat gehören bei Gott zusammen. Gottes Wort wirkt mächtig in der Geschichte. In der Schöpfung der Welt (siehe 1. Mose 1) und in der Geschichte der Welt: *Durch Mich herrschen die Könige und erlassen die Fürsten gerechte Verordnungen.* „Hoffentlich tun sie das auch heute manchmal noch!“, möchte man hier sagen! Schön wäre es! Es mag ja hier und da in der Kommune, im Land, im Bund, in den Regierungen, in den Kantonen noch so sein. Dafür dürfen wir beten. Auch dürfen wir die Politiker auf Sprüche 8 aufmerksam machen: Regieren Sie durch die göttliche Weisheit? Sind Sie schon gläubig an Jesus Christus? Auch den „Regenten“ dürfen und sollen wir das Evangelium sagen.

Die Weisheit lässt sich finden

Sprüche 8,17: *Ich liebe, die Mich lieben, und die Mich eifrig suchen, finden Mich.* Welch ein Trost für uns, die wir von Natur aus Toren sind. Wenn wir wirklich die Weisheit suchen, wenn wir Jesus suchen, so lässt Er sich auch finden. Wir denken an die Verheißungen der Bergpredigt: Bittet, so wird euch gegeben! Suchet, so werdet ihr finden! Klopfet an, so wird euch aufgetan! Das ist nicht Gesetz, sondern Evangelium! Die Bibel sagt in Hebräer 3,7: *Heute, wenn ihr Seine Stimme hören werdet, so verstockt eure Herzen nicht ...* Den Ruf zum Heil dürfen wir nicht überhören. Wenn wir die Weisheit lieben und erstreben, sind wir von Gott Geliebte und Er wird uns reich belohnen mit Seiner Weisheit.

Die Weisheit schenkt unvergänglichen, wahren Reichtum

Der diesbezügliche Vers schließt sich sofort an Sprüche 8,17 an. In Gottes Wort geht in göttlicher Weisheit eins aus dem anderen hervor: Sprüche 8,18: ***Reichtum und Ehre kommen mit Mir, bleibende Güter und Gerechtigkeit.*** Wer die Weisheit gefunden hat – das war auch die Bitte im Gebet des jungen Salomo –, dem schenkt der HERR, was er sonst noch zum Leben bedarf. Analog dazu sagt Jesus in der Bergpredigt in Matth. 6,33: ***Trachtet zuerst nach dem Reich Gottes und nach Seiner Gerechtigkeit, so wird euch das alles*** (Kleidung, Nahrung, Obdach usw.) ***zufallen.*** Dies ist die neutestamentliche Parallele zu Sprüche 8,18.

Reichtum darf nicht mit Luxus verwechselt werden. Es geht um wirkliches notwendiges Versorgtsein und geistlichen Reichtum, um Ehre vor Gott und vor allen Dingen um bleibendes und nicht um vergängliches Gut. Unser Thema habe ich zuerst an einem Aschermittwoch behandelt und da ist uns ja dieser traurig-dumme Liedvers bekannt: „Am Aschermittwoch ist alles vorbei." Für die Menschen, die nur in der Narretei leben, ist an diesem Tag tatsächlich alles, nämlich ihr unsinniger Lebenssinn, vorbei. Sie können dann nur darauf warten, bis wieder Fasching oder ähnlich Närrisches ist, also von einem Rausch in den nächsten flüchten. Gott sei Dank aber haben wir Christen bleibendes Gut (Glaube, Liebe und Hoffnung) und nicht die vergängliche und verderbliche Weltlust. Die Weltlust kann uns keinen bleibenden, wirklich frohmachenden Sinn im Leben geben, die Weltlust mit ihrem modrigen und fauligen Geschmack und Gestank. Auf den Straßen sieht man am Aschermittwoch den Müll der Faschingsumzüge – ein Sinnbild des sinnlosen Konsums. Wir aber, als Christen, besitzen ein bleibendes Gut und Gerechtigkeit – reingewaschen durch das Blut des Lammes und zubereitet für Sein Reich.

Die Selbstoffenbarung der Weisheit im Sohn

Ab Sprüche 8,22 ff finden wir - schon im Alten Bund - eine tiefgründige Darlegung über das Wesen der Weisheit, des Sohnes Gottes. Überschrieben mit dem Titel: Die Selbstoffenbarung der Weisheit

Der HERR (das ist *Jahwe*) *besaß Mich am Anfang Seines Weges, ehe Er etwas machte, vor aller Zeit. Ich war eingesetzt von Ewigkeit her, vor dem Anfang, vor den Ursprüngen der Erde.* Den Fachbegriff für das Leben Jesu von Ewigkeit her nennt man „Präexistenz". Der Sohn Gottes, Jesus Christus, existiert schon vor der Erschaffung der Erde (*Ehe Abraham wurde, bin Ich.* Johannes 8,58). Die Glaubensväter haben diese Erkenntnis sinngemäß folgendermaßen formuliert: Der Sohn Gottes, Jesus Christus, wurde von Gott gezeugt und nicht erschaffen.

So steht es auch im anschließenden Vers aus Sprüche 8: *Als noch keine Fluten waren, wurde Ich geboren ...* Dies ist ein Geheimnis. Gott, der Vater, zeugte von Ewigkeit her den Sohn. So gehört Jesus Christus, der Sohn, genau wie der Heilige Geist ganz auf die Seite des Schöpfers und nicht auf die Seite der Schöpfung bzw. der Geschöpfe!

Die Blindheit sektiererischer Menschen

Dies ist ein Aspekt, den viele Sekten nicht verstanden haben; am bekanntesten unter ihnen sind wohl die „Zeugen Jehovas". So lehren die Zeugen Jehovas unter anderem, dass Jesus Christus, der Sohn Gottes, nichts anderes sei als ein Engelwesen und gleichermaßen ein Geschöpf wie der Mensch, nur stände Er auf einer höheren Entwicklungsstufe. Dies ist eine Lehre des Spiritismus und sie findet sich bei vielen anderen Sekten, so bei den Mormonen, den Anthroposophen, der „Christlichen Wissenschaft", dem „Universellen Leben" und vielen anderen. Es begegnet uns in solchen Irrlehren immer dieselbe Herabstufung Jesu Christi, des Sohnes Gottes, auf eine geschöpfliche Ebene, der keine vollkommene Erlösung schaffen konnte. Diese Ansicht ist typisch für Sekten, welche mit dem Spiritismus zusammenhängen, gespeist von dem Vater der Lüge, dem Teufel. Irgendwann stößt man auf diese Zusammenhänge, wenn man sich näher mit der Lehre der Sekten befasst, auch wenn sie sich noch so sehr auf die Bibel berufen.

Leider wird heutzutage auch in sich christlich nennenden Kreisen die Dreieinigkeit Gottes immer mehr bezweifelt. Der Begriff „Dreieinigkeit“ wurde zwar erst um 180 nach Christus von Theophilus aus Antiochien geprägt, diese Lehre aber findet sich in der ganzen Bibel, so schon, wie oben gesagt, in 1.Mose 1. Gott Vater schafft durch Gott, den Sohn, und durch Gott, den Heiligen Geist, die Welt. Weiter heißt es dann im so genannten „ersten Evangelium“, im „Protoevangelium“, in 1. Mose 3,15 nach dem Sündenfall, dass der Same der Frau der Schlange den Kopf zertreten wird: Auch hier wird Jesus schon erwähnt. Ein weiteres Bild für Christus ist der „geistlich Fels“, der mit den Kindern Israel in der Wüste mitwanderte (1. Korinther 10,4). So finden wir im Alten Bund viele Stellen, die die Präexistenz Jesu belegen.

Die Weisheit wird von Ewigkeit her gezeugt

Der HERR besaß Mich am Anfang Seines Weges, ehe Er etwas machte, vor aller Zeit. Ich war eingesetzt von Ewigkeit her, vor dem Anfang, vor den Ursprüngen der Erde. Alles, was wir heute als sichtbar im Universum wahrnehmen, wurde geschaffen, aber der Sohn Gottes, Jesus Christus wurde von Ewigkeit her gezeugt. Ich versuche dieses Wunder nun etwas vereinfacht zu erklären. Wenn wir Kinder haben, so sind diese Fleisch von unserem Fleisch, sie sind ebenso Menschen wie wir. Wenn wir aber ein Tongefäß herstellen, so ist dies etwas, das wir sozusagen erschaffen haben; es ist aber nicht von uns gezeugt oder geboren worden, ist nicht unser Fleisch und Blut. Dies Gleichnis soll veranschaulichen, dass, wenn Gott Seinen

Sohn, Jesus Christus, zeugt, dieser genauso göttlichen Wesens ist wie Gott Vater selbst. So bezeichnet man Jesus auch als „Gott aus Gott“ oder „Gott von Gott“. Wenn Gott aber die Welt erschafft, so ist diese sozusagen Sein „Tongefäß“, um in unserem vorigen Bild zu bleiben. Auch der Mensch ist ja aus Erde genommen und wurde von Gott mit Geist belebt. Gottes Sohn Jesus Christus ist aber von Ewigkeit aus Gott geboren. So habe ich nun versucht, dieses Geheimnis des Vaters und des Sohnes kurz zu veranschaulichen.

Die Weisheit als Werkmeister Gottes

Fahren wir nun mit Sprüche 8,27 ff fort: *...als Er den Himmel gründete, war Ich dabei:* So steht parallel dazu auch in Johannes 1: *...Gott war das Wort.* Es wurde nicht, sondern Es war. Wir werden dies noch ausführlicher behandeln. *... als Er einen Kreis abmaß auf der Oberfläche der Meerestiefe, als Er die Wolken droben befestigte und Festigkeit gab den Quellen der Meerestiefe, als Er dem Meer seine Schranke setzte, damit die Wasser Seinen Befehl nicht überschritten ...* Ich finde es immer wieder erstaunlich, dass das Meer dort endet, wo sich auch der Strand befindet, – trotz der vielen Wassermassen. Natürlich können Naturkatastrophen, wie z. B. ein Seebeben oder eine Springflut, das Meer über seine Ufer treten lassen. Aber normalerweise rauscht das Meer in seinen ihm von Gott bemessenen Grenzen, und auch der Regen, der in das Meer fällt, ist genau mit eingeplant. Nur die Endzeitgerichte werden an dieser wunderbaren Ordnung etwas ändern. Auf jeden Fall dürfen wir festhalten, dass der HERR dem Meer die Grenzen gesetzt und dieser Welt ihr Ende bestimmt hat. Nach 2. Petrus 2 wird es eine Feuersbrunst und keine Wasserflut sein, die die Elemente vor Hitze schmelzen lässt.

... als Er den Grund der Erde legte ... Gott hat alles geschaffen. Er hat den Planeten im Weltall ihre genauen Bahnen gegeben. Die Schwerkraft der Planeten ist so berechnet, dass sie sich alle im festgesetzten Abstand um die Sonne drehen und der Mond wiederum um die Erde. Alles dieses ist auf den Millimeter genau

berechnet. Unser Gott ist ein intelligenter Bauherr und hat alles wunderbar geplant.

... da war Ich Werkmeister (andere Übersetzungen: ***Liebling, Schoßkind***) ***bei Ihm ...*** Das bedeutet: Der Vater hat durch Seinen Sohn Jesus Christus die Welt geschaffen. Und Jesus hat sich freiwillig erniedrigt, Mensch zu werden, ohne Seine göttliche Natur zu verlieren. ER ließ sich in eine Krippe legen - auf Stroh in einem Stall. Man muss sich immer wieder diesen Kontrast vor Augen halten! Wie tief hat sich Gott herabgesenkt, um Mensch zu werden, um zu werden wie wir. In Jesus wurde Gott Mensch, doch ohne Sünde, um uns von der Sünde zu erlösen. Dies ist Gottes unübertreffliche Gnade und Barmherzigkeit. Der Weltenschöpfer wird zum Weltenerlöser, indem Er in diese Welt hinabsteigt bis zum Tode, ja bis zum Tode am Kreuz (Philipper 2). Welche unbeschreiblich große Liebe!

In Sprüche 8,30 finden wir eine Erklärung dafür, warum Gott Seinen Sohn von Anfang an bei sich haben wollte: ***Ich war Tag für Tag Seine Wonne und freute Mich vor Seinem Angesicht allezeit:*** Gott wollte von Anfang an Gemeinschaft mit Seinem Sohn und dem Heiligen Geist. ***Ich freute Mich auf Seinem Erdkreis und hatte Meine Wonne an den Menschenkindern.*** Das zeigt, dass Jesus schon im Alten Testament mit dem Volk Israel war, als Herr der Geschichte, so zum Beispiel in der Wüste als der geistliche Felsen oder auch in der Wolken- und Feuersäule.

Die Weisheit will angenommen und bewahrt werden

Abschließend folgt nun in Sprüche 8 eine dringliche Ermahnung: ***Und nun, ihr Söhne, hört auf Mich! Wohl denen, die Meine Wege bewahren!*** Die Weisheit will angenommen und befolgt werden. Man soll nach ihrem Rat wandeln.

Hört auf Unterweisung, damit ihr weise werdet, und verwerft sie nicht! Wir sollen also nicht nach dem Sprichwort: „Zum einen Ohr hinein und zum anderen wieder heraus!" handeln. Dies wäre

Torheit größten Ausmaßes, wenn wir gering achten würden, dass Gott uns mit Seiner Weisheit beschenken möchte.

Wohl dem Menschen, der auf Mich hört, indem er täglich an Meiner Pforte wacht und die Pfosten Meiner Türen hütet! Gehorsam gehört zum Christenleben dazu und dafür kann der HERR uns die Kraft schenken und uns reinigen durch Jesu Blut, wenn wir nicht gehorsam waren. So steht in Psalm 19, 13: *Wer kann merken, wie oft er fehlet? Verzeihe mir die verborgenen Sünden!* Es gibt verborgene Sünden, die uns gar nicht bewusst sind!

Ich kenne eine Glaubensbewegung, deren Mitglieder immer mit einem Zettel, auf dem ihre Sünden aufgelistet sind, umhergehen, um sie bei einem Seelsorger zu beichten. Aber dies ist gar nicht nötig. Wir dürfen alles, auch unsere Sünden, persönlich im Gebet dem HERRN sagen und bekennen. So sollen wir nicht in unserem Gewissen nach Sünden wühlen, sondern das bereinigen, was der HERR uns zeigt. Wir können mit einem Bruder beten, aber eben auch direkt allein vor den HERRN treten (*Wer zu Mir kommt, den werde Ich nicht hinausstoßen*, sagt Jesus). So dürfen wir uns diese Bitte zu Eigen machen, dass uns Jesus auch die verborgenen Sünden vergeben soll. Der HERR Jesus ist für alle unsere Sünden gestorben.

Wer die Weisheit ablehnt, geht ewig verloren

Abschließend heißt es in Sprüche 8: *Denn wer Mich findet, der findet das Leben und erlangt Wohlgefallen von dem HERRN; wer Mich aber verfehlt, tut seiner Seele Gewalt an; alle, die Mich hassen, lieben den Tod!* Wenn wir Gottes gute Weisheit und zurechtbringende Liebe, Jesu Erlösungswerk, Sein Sühnopfer für unsere Sünden ablehnen, dann bleibt nur der ewige Tod, die Trennung von Gott, die ewige Verdammnis, auch „der zweite Tod" genannt. Der irdische Tod steht auch den Kindern Gottes bevor, falls sie nicht entrückt werden. Aber der ewige Tod, die ewige Verdammnis ist die Weiterexistenz derer, die Jesus abgelehnt haben, in der Hölle, dem feurigen Pfuhl.

Ich habe von jemandem gehört, er habe sich verbrennen lassen, in der Meinung, dann könne Gott ihn nicht mehr zur Rechenschaft ziehen, er könne nicht mehr auferweckt werden. Um nicht in die Hölle zu müssen, hat er sich verbrennen lassen. So naiv sind manche Menschen, die meinen, sie könnten Gott ein Schnippchen schlagen, wenn sie sich in die Verbrennungsanlage werfen lassen. Gott wird jeden auferwecken und jedem einen neuen Leib geben, aber dem einen den Auferstehungsleib zum ewigen Leben in der Herrlichkeit, dem anderen einen Leib, der auch Schmerzen empfinden kann in der ewigen Verdammnis, wo es Schmerzen geben wird und der Wurm nicht stirbt und die Flamme nicht erlischt, wie Jesus mehrfach in den Evangelien betont (z.B. in Markus 9,48). ***Wer Mich aber verfehlt, tut seiner Seele Gewalt an:*** Wer also die Weisheit Gottes, den Sohn Gottes ablehnt, der zerstört sein Leben. ***Alle, die Mich hassen, lieben den Tod!*** So endet Sprüche 8.

Im Anfang war das Wort

Nun möchte ich noch die neutestamentliche Parallele zu unserem Text aus Sprüche 8 betrachten, nämlich Johannes 1. Meines Erachtens sind das die gewaltigsten Worte in der Bibel. Sie sind auch bekannt als das „etwas andere Weihnachtsevangelium". Die Sätze klingen sehr geheimnisvoll. Sie sind einfach und doch so tiefgründig wie kaum eine andere Bibelstelle im Neuen Testament.

Im Anfang war das Wort: Diese Stelle ist bereits von größer Bedeutung! Im Anfang, als noch nichts erschaffen war, war schon das Wort, der Sohn Gottes, die Weisheit da. Es heißt eben nicht: Es „wurde", sondern Es „war"! Jesus, das Wort, wurde nicht geschaffen, sondern Er war und existierte bereits vor der Erschaffung der Welt und ist von Ewigkeit her im Schoß des Vaters geboren.

... und das Wort war bei Gott

Und das Wort war bei Gott, und das Wort war Gott: Viele Menschen verstehen das nicht, aber im Grunde ist diese Aussage ganz einfach. Der Sohn, Jesus Christus, war beim Vater. Er ist nicht identisch mit dem Vater, denn Er ist ja der Sohn des Vaters. Deshalb lesen wir: Der Sohn (das Wort) *war bei Gott. ... und das Wort war Gott:* Weil Jesus Christus Gottes Sohn ist, war bzw. ist Er auch Gott, aber eben nicht der Vater, sondern der Sohn. Vater und Sohn sind ein göttliches Wesen in zwei Personen. Die dritte Person der Gottheit ist der Heilige Geist. *... das Wort war bei Gott, und das Wort war Gott.* Das Wort, Jesus Christus, ist Gott und bleibt ewig Gott, und war von Ewigkeit Gott. *Dieses war im Anfang bei Gott:* Im Anfang schon! Es ist eben kein Geschöpf, das später erschaffen wurde, sondern Es war schon im Anfang da. *Alles ist durch Dasselbe entstanden* (oder „gemacht"); *und ohne Dasselbe ist auch nicht eines entstanden, was entstanden ist:* Das heißt, dass durch dieses ewige Wort, durch Jesus, durch die ewige Weisheit, alles geschaffen wurde.

Dies erklärt auch, warum gerade der Sohn Mensch wurde. Er wurde Mensch, weil Er der Mittler der Schöpfung ist. Der Vater schafft durch den Sohn die Schöpfung. Der Sohn geht selbst in diese Schöpfung ein. Er ist der Schöpfungsmittler, daher heißt es, dass durch Ihn alles geschaffen wurde. Man kann auch sagen, dass der Sohn Gottes, Jesus Christus, die Verleiblichung des ewigen Gottesgeistes ist. Gott wird Fleisch (Mensch) im Sohn. Dies ist ein tiefes Geheimnis. *In Ihm war das Leben, und das Leben war das Licht der Menschen:* In Johannes 1 finden wir Schlüsselbegriffe: Wort, Leben, Licht (in Sprüche 8: Weisheit). Dies sind Begriffe von höchster Wichtigkeit, über die wir nicht hinausdenken können und die wir mit unserm kleinen Verstandeslicht gar nicht erfassen können. Wir können vor Gottes Größe nur anbetend niederfallen. *In Ihm war das Leben, und das Leben war das Licht der Menschen!*

Das Licht leuchtet in der Finsternis

Und das Licht leuchtet in der Finsternis. Die Finsternis meint den Bereich des Teufels (des Vaters der Lüge, des Menschenmörders) *... und die Finsternis hat es nicht begriffen* (oder: ergriffen): Hier liegen zwei Bedeutungen vor: 1. Die Finsternis kann das

Licht nicht verstehen (begreifen). 2. Die Finsternis kann das Licht auch nicht überwältigen (ergreifen). Beide Bedeutungen schwingen hier mit. Wer in der Finsternis lebt, kann das Licht nicht verstehen. Aber die Finsternis, bzw. der Teufel, kann das Licht, nämlich Jesus Christus, auch nicht überwältigen. Jesus ist und bleibt der Sieger. Ihm sei Lob!

Nun folgt ein Einschub über Johannes den Täufer: ***Es war ein Mensch, von Gott gesandt, sein Name war Johannes. Dieser kam zum Zeugnis, um von dem Licht Zeugnis zu geben, damit alle durch ihn glaubten. Nicht er war das Licht, sondern er sollte Zeugnis geben von dem Licht.*** Ich möchte hier an den berühmten großen Zeigefinger Johannes, des Täufers, am Isenheimer Altar erinnern, der auf Christus, den Gekreuzigten, deutet.

Das Wort kam in Sein Eigentum

Der weitere Text bezieht sich nun wieder auf Jesus, das Wort Gottes: ***Das wahre Licht, welches jeden Menschen erleuchtet, sollte in die Welt kommen. Er war in der Welt, und die Welt ist durch Ihn geworden*** (dies wird hier nochmals wiederholt), ***doch die Welt erkannte Ihn nicht:*** Dies ist tragisch! Erkennen heißt in der Bibel, Gemeinschaft haben. Viele wollten mit Jesus keine Gemeinschaft haben und haben Ihn verstoßen, allen voran die damalige religiöse Führung in Israel. ***Er kam in Sein Eigentum, und die Seinen nahmen Ihn nicht auf:*** Jesu Eigentum ist die ganze Welt, die ja durch Ihn selbst geschaffen wurde. Die ganze Schöpfung gehört Gott und damit Jesus. Die Seinen meint zunächst einmal Israel. ***Das Heil kommt von den Juden,*** lesen wir in Johannes 4,22. Jesus kam als Jude in diese Welt. Die Mehrheit Seines Volkes hat ihn – leider bis heute – abgelehnt: „Sie nahmen Ihn nicht auf. Aber die Seinen sind auch alle anderen Völker – auch viele aus den Heidennationen lehnen Jesus ab.

Nun kommt aber die tröstliche Verheißung: ***Allen aber, die Ihn aufnahmen, denen gab Er das Anrecht, Kinder Gottes zu werden, denen, die an Seinen Namen glauben; die nicht aus dem Blut, noch aus dem Willen des Fleisches, noch aus dem Willen des Mannes, sondern aus Gott geboren sind:*** Jeder Mensch ist ein Geschöpf Gottes. Aber nur wenige Menschen sind Kinder Gottes, auch wenn immer wieder fälschlicherweise gesagt wird, dass wir alle Kinder Gottes seien. Dies ist jedoch eine freimaurerische Lehre. Wir denken an die dementsprechende Strophe in Beethovens Neunter Sinfonie aus Friedrich Schillers „Ode an die Freude“: „Alle Menschen werden Brüder, wo dein sanfter Flügel weilt.“ Diese Ode soll ja die Europahymne werden. Da wissen wir, unter welchem Banner wir vereinigt werden sollen! Nein, ein Kind Gottes ist nur derjenige, welcher an Seinen Namen, an Jesus Christus, glaubt. Nur derjenige, der glaubt, dass Jesus sein persönlicher Heiland, Retter und HERR ist.

... die nicht aus dem Blut, noch aus dem Willen des Fleisches, noch aus dem Willen des Mannes, sondern aus Gott geboren sind. Keine leibliche Geburt, sondern die göttliche Wiedergeburt, die geistliche Geburt nach Johannes 3 aus Wasser und Geist, ist die rettende Geburt. Erst durch die göttliche Wiedergeburt haben wir ein Anrecht auf den Himmel.

Das Wort wurde Fleisch

Und das Wort wurde Fleisch: Dies ist unfassbar! Der Unendliche ging in die Endlichkeit ein. Der Unsterbliche ging in die sterbliche Fleischesnatur ein. Aber Er hat sie überwunden! Nach dem Kreuz kam Jesu siegreiche Auferstehung und nun lebt Er in Ewigkeit beim Vater im Himmel. Der Sohn Gottes, die Weisheit Gottes, von Ewigkeit zu Ewigkeit.

Das Wort wurde Fleisch. Jesus nahm unsere Fleischesnatur an, blieb aber ohne Sünde. Jesus hat niemals gesündigt, weder in Worten, noch in Gedanken, noch in Taten. Und auch als Er zürnte, hat Er nicht gesündigt. Es war der gerechte Zorn Gottes, der Ihn trieb, als Er die Wechsler aus dem Tempel getrieben und den Pharisäern und Schriftgelehrten ihre Schuld aufgezeigt hatte, weil sie als blinde Blindenleiter die Menschen verführen und heucheln und selbst nicht erfüllen, was sie predigen. Sicherlich kann kein Mensch Gottes Willen vollkommen erfüllen (und wir bleiben als Prediger immer hinter unserer Predigt zurück!), aber die Pharisäer und Schriftgelehrten haben den Menschen zusätzlich zu Gottes Wort Lasten auferlegt durch ihre vielen Zusatzgebote, die sie selbst nicht halten konnten. Sie haben am Willen Gottes vorbeigelebt. Es entspricht nicht dem Willen Gottes, wenn wir selbstgemachte Traditionen über das Wort Gottes stellen.

Und das Wort wurde Fleisch und wohnte unter uns: Das erinnert an die Stiftshütte, in welcher Gott, der HERR, schon im Alten Bund mit Seinem Volk gezogen ist. Später wurde dann der Tempel gebaut. Aber heute wohnt Gott in einem Tempel, der nicht mit Händen gemacht ist, Er wohnt in den Herzen Seiner Kinder. *... der Tempel Gottes ist heilig, der seid ihr...* steht in 1.Korinther 3,17 zu lesen. Die Gemeinde ist der Tempel Gottes und der Leib Christi. Christus ist auch heute bei Seinen Kindern gegenwärtig. Ist uns das bewusst und freuen wir uns darüber?

Die Herrlichkeit des Wortes

Und wir sahen Seine Herrlichkeit, eine Herrlichkeit als des Eingeborenen vom Vater, voller Gnade und Wahrheit. Das bezeugt der Apostel Johannes. Die Apostel haben im Sohn den Vater gesehen. *Wer Mich sieht, sieht den Vater,* sagt der Herr Jesus in Johannes 14. *Solange bin Ich bei euch und ihr kennt den Vater nicht?* - dies antwortet Jesus auf die Bitte der Jünger, ihnen doch den Vater zu zeigen. Und dann folgt Sein gewaltiger Ausspruch: ***Ich bin der Weg und die Wahrheit und das Leben. Niemand kommt zum Vater außer durch Mich*** (Johannes 14,6). In Ihm ist der Vater, und Er allein ist der Weg zum Vater, als der Sohn, als der Schöpfungsmittler, als der Werkmeister, als der Liebling Gottes, der von Ewigkeit her vor Gott gespielt hat, wie wir es in Sprüche 8 gelesen haben. Wie wunderbar!

Jesus ist voller Gnade und Wahrheit. Gnade heißt Erlösung. Nicht durch unser Hinzutun, sondern einfach weil Er uns liebt, schenkt Jesus uns die Erlösung. Wenn wir sie annehmen! Das ist das einzige, was wir tun sollen und müssen: Ja sagen zu Jesu Erlösungswerk, das heißt, daran zu glauben, dass es auch für dich und mich geschehen ist. Als Jesus sprach: Es ist vollbracht, da hat Er auch an dich und mich gedacht. Wahrheit heißt auch Treue, weil die Wahrheit eine Person ist, nämlich Jesus Christus. Jesus ist der Allertreueste und der Allerzuverlässigste. In Ihm haben wir alles: Fülle der Gnade, Fülle der Weisheit, Fülle des Lebens, Fülle der Erlösung und ewiges Heil und Unsterblichkeit in Seiner Gegenwart. ER sei gepriesen. Amen.

Wir beten: *Lieber HERR Jesus Christus, wir danken Dir, dass wir aus Deiner Gnade Fülle um Fülle genommen haben und nehmen dürfen. Danke, dass Du uns durch Dein teures Blut erkauft hast am Kreuz auf Golgatha. Danke, dass Du, der Du die Welt als Mittler geschaffen hast, so schwach wurdest wie wir, aber ohne Sünde. Vergib uns unsere Schuld und erneuere uns, dass wir – gereinigt und geheiligt durch Dein Blut - Dir dienen können, dass wir ein Licht sind, das Deine Gnade und Wahrheit widerspiegelt. Dich wollen wir rühmen und preisen in Ewigkeit. Ehre sei Deinem Namen, HERR Jesus. Amen.*

Lothar Gassmann

Prediger

Alles Irdische ist vergänglich

Alles Irdische ist vergänglich. Das erleben wir inmitten der Wirschaftskrise besonders dramatisch. Das biblische Buch Prediger weist auf das Unvergängliche und Ewige hin. Ein Trost- und Hoffnungsbuch in schwerer Zeit!

Alles Irdische ist vergänglich
Von der wahren Weisheit
Jedes Ding hat seine Zeit
Besser zu zweit als allein
Wer Geld liebt, wird vom Geld nicht satt
Trauern ist besser als lachen
Wer Gott ehrt, wird gesegnet
Weisheitssprüche
Denke an deinen Schöpfer in deiner Jugend!

ISBN 978-3-86203-029-3

Lothar Gassmann

Psalmen

Lebendige Wasserquellen

Die Psalmen sind das Gebetbuch Israels. Da sie den einzigen wahren Gott loben, sind sie zugleich das Gebetbuch der gesamten Menschheit. Diese Auslegung einiger der bekanntesten Psalmen für unsere Zeit soll dazu beitragen, dass viele Menschen die Größe und Liebe Gottes entdecken und von der Quelle des lebendigen Wassers trinken.
Folgende Psalmen werden ausgelegt:
Psalm 1: Sitze nicht bei den Spöttern, sondern wandle mit dem HERRN!
Psalm 2: Warum toben die Heiden gegen Gott?
Psalm 22: Mein Gott, mein Gott, warum hast Du mich verlassen?
Psalm 23: Der HERR ist mein Hirte
Psalm 51: Gott, sei mir Sünder gnädig!
Psalm 73: Das Dennoch des Glaubens
Psalm 90: Vergänglichkeit und Ewigkeit
Psalm 122: Friede über Jerusalem

ISBN 978-3-86203-027-9

Lothar Gassmann

Gleichnisse Jesu

Der Weg zum Himmelreich

Jesus Christus hat häufig in Gleichnissen gesprochen, um geistliche Wahrheiten zu vermitteln. Nicht jeder Hörer hat diese Gleichnisse verstanden. Dieses Buch will eine Verstehenshilfe sein, um den Sinn einiger der wichtigsten Gleichnisse Jesu Christi zu erfassen. Es will zugleich eine Lebenshilfe sein, um heute nach der Botschaft des Sohnes Gottes zu leben.

Die zentrale Botschaft der Gleichnisse ist die Antwort auf die Frage: Wie gelange ich verlorener Mensch ins Himmelreich, in die wunderbare Königsherrschaft des allmächtigen Gottes?

Folgende Gleichnisse werden ausgelegt:

Gleichnisse vom Himmelreich
Das vierfache Ackerfeld
Der barmherzige Samariter
Der Geschäftsmann und der Tod
Die Einladung zum Gastmahl
Der verlorene Sohn
Der kluge Haushalter und andere ...

ISBN 978-3-86203-030-9

Lothar Gassmann

Der Jakobusbrief

Seid Täter des Worts,
nicht Hörer allein!

Der Jakobusbrief entfaltet existenzielle Themen für den christlichen Lebensalltag: Anfechtung und Versuchung, Barmherzigkeit und Gerechtigkeit, Armut und Reichtum, Krankheit und Gebet, Absonderung und Zucht der Zunge. Er lädt ein zur Nachfolge Jesu Christi in Wort und Tat. Eine praktische Auslegung mit vielen Anregungen für das persönliche Wachstum im Glauben.

ISBN 978-3-936894-92-9

Lothar Gassmann

Die sieben Sendschreiben

Was der Geist
den Gemeinden sagt

Die sieben Sendschreiben sind das Vermächtnis Jesu Christi an Seine Gemeinde. Ihr Inhalt ist hochaktuell: Rückkehr zur ersten Liebe, Warnung vor Verführung, Aufwachen aus geistlichem Tod und Lauheit, Treue zum Herrn. Ein aufrüttelnder Bußruf, ausgelegt für unsere Zeit!

ISBN 978-3-936894-79-0

Lothar Gassmann

Das Tausendjährige Reich

Jesus Christus herrscht als Sieger

Nachdem der Antichrist und sein falscher Prophet besiegt sind, errichtet Jesus Christus Sein herrliches Tausendjähriges Reich. Dieses Buch bringt den Nachweis, dass dieses eine ernst zu nehmende Wirklichkeit ist, die dem Endgericht und der Neuschöpfung von Himmel und Erde vorausgeht. Eine spannende und bewegende Darstellung!

ISBN 978-3-936894-84-4